はじめに　サイズダウンする心地よさ

ある日届いた一通の手紙。丁寧に書かれた手紙の筆跡を見て、その女性を思い出しました。長い間、連絡をとっていませんでしたが、私が出版したのを知って、彼女が出版社へ本の感想を書いて送ってくれたのです。

私がハイブランドショップの店長をしていたときに出会った彼女は、透明な肌とツヤのある髪が印象的でした。いつもシンプルな装いで、パリッとした綿やなめらかなシルクを身にまとっていて、清潔感にあふれています。洋服もインテリアも流行を追いかけることなく、確固たるスタイルがありました。

彼女の部屋は白で統一された家具と、木目の美しい床。アンティークのチェストの中には時間をかけて集めたという食器が並べられ、壁の柱時計も規則正しく時を刻んでいます。

整理整頓されたシンプルで掃除の行き届いた小さな部屋は、心に垢のたまっていないその人自身のようでした。販売員をしていた頃、外商の方と顧客さまのお宅を訪ねてきましたが、人のたたずまいと住んでいる部屋は似ているなと感じていました。彼女はきっと、どんなことも丁寧に時間をかけて行い、旬の新鮮な食材を食べ、決まった時間に寝て起きてを何十年も続けているのだと思いました。

その良識のある振る舞いや上質なものを長く大切にする暮らしぶり、そして自然体であたたかいお人柄は、私にとって大人の美しい生き方の鑑《かがみ》です。

そんなシンプルで心ゆたかな暮らしは、あるがままの自分に満足しているからできるのではないでしょうか。

私はその頃、もっと稼いでもっと大きな家に住みたいと、「もっともっと病」にかかって焦りを感じていました。そんな私に、心地よいものだけに囲まれサイズダウンしたシンプルライフこそ、お金だけでは感じられない幸せがあると彼女は教えてくれたのです。

あれから、何度も季節がめぐりました。背伸びをやめて、あるがままのニュートラルな自分を取り戻した私。盛ること、見栄を張ることを捨て、心の余白を取り戻し、等身大で暮らせるようになってきました。

ものだけでなく、心も人間関係も仕事も余計なものをそぎ落とすと、心の中に風がさらさらと通り抜けるように軽やかになれると知りました。

誰に何と言われようと、「心地よい自分」が生きる根底になっています。

選び抜いたものだけを持ち、それを慈しみながら生きる丁寧な暮らしが、心地よい自分をつくってくれたのです。

昨今、周りの環境が変化し、日々の暮らしを見直した方も多いでしょう。「もっともっと」と高みを目指してがんばる暮らしから一転、我慢を強いられたり、いろんなものを手放したり、大きくハンドルを切らざるをえない状況になりました。変化のスピードについていけないことも多いかもしれません。

だからこそ、「シンプルに暮らすことは、幸せへの入り口であり、何気ない小さな幸せこそが心をゆたかにしてくれる」とお伝えしたいのです。

「当たり前にできていたことが、できなくなった」「普通だと思っていたことが、普通ではない」と気づいた昨今、なくなってしまったと嘆くのではなく、あるものを見直し、私らしい心地よさを再発見できるチャンスではないかと考えます。

暮らしをスリムに整えるのは、本当の満足感や感謝や幸せを見つけるきっかけになります。

毎日の良質な小さなシンプルな習慣こそが、自分の軸をつくり、しなやかな強さと本当のゆたかさもつくり出してくれるのです。

Contents

シンプルでも「心ゆたか」に暮らす１００のルール

もくじ

Chapter 2 シンプルだけど「リッチ感」のあるお洒落

Chapter 3 品格ある「美しさ」は小さなひと手間で生まれる

Chapter 4 お金に振り回されない「シンプル」な考え方

Chapter 5 愛される人の「リッチ」なコミュニケーション術

Chapter 6 心をスリムで「ゆたか」にする振る舞い

ブックデザイン　原田恵都子（Harada+Harada）
イラスト　Qoonana
編集協力　大西華子
校正　矢島規男
DTP　三協美術
編集担当　江波戸裕子

Chapter 1

暮らしの「ダイエット」で
余白をつくる

ちょうどいい「尊さ」を知るといい塩梅になる

「ラーゴム」というスウェーデンの言葉があります。意味は「多すぎず、少なすぎず、ちょうどいい」です。

スウェーデンは国民の幸福度が高く、長い冬のおうち時間をより心地よく過ごすための哲学のある国です。

日本でも北欧ブランドの「イケア」はメジャーとなりました。ハードルが高すぎない、ちょうどいい幸せサイズがそろうおうちグッズが、幅広い世代から支持されています。

持ち物も精神も、毎日のタスクも人間関係も、多すぎず少なすぎず、「ちょうどいい」を目指せば、心ゆたかに暮らせるのだと教えてくれているようです。

「ラーゴム」とは、「もっともっと」をあきらめる尊さと清々しさを表す言葉でもあるようです。

あなたにとっての「ちょうどいい」は、どれくらいの塩梅《あんばい》でしょうか。

甘すぎず、辛すぎない「いい塩梅」とは、経験値と直感と、自分の好みを知りつくしているからできるのかもしれません。刺激のある味は癖になるけれど、体にはよくないものです。

ちょうどいい味は、人を健康にします。

日々の暮らしの中で、さわやかにあきらめることが上手になるとラクになれます。

何かに執着しなければ、心はほどけていきますし、「ま、いっか」と手放すと、ゆるりとした世界が広がります。あきらめることで心を守れますし、今あるものを見直せます。

自分の「ちょうどいい」を知っている人は、少しの余白を持って、暮らしを楽しめるのではないでしょうか。

ラーゴムな精神こそが、幸福度を高めるキーワードなのかもしれません。

no. 1 上質な7枚のタオルで暮らす

高級ホテルでの過ごし方が優雅に感じられるのは、タオルやアメニティのクオリティの高さのせいかもしれません。特にタオルは、1日の疲れを取るバスタイムのあとにやわらかい感触に包まれると、カサカサした気持ちがゆっくりと潤っていくように感じます。

いつも気持ちのよいタオルを使うだけで、生活の質が上がります。

近年は、今治《いまばり》タオルなど、家計にも比較的優しい値段でクオリティの高いものが増えました。

恒例行事として、新年を迎える際に古いタオルを一新すると、清々しい気分で新年をスタートできるとお客さまに教えていただき、私も実践しています。

思いきってバスタオルをやめて、7枚のフェイスタオルだけに絞った友人は、洗濯しても乾きやすく、場所もとらず、快適になったと話していました。7枚だけなら、ちょっとリッチに「ザ・ウィークエンドホテル」や「テネリータ」などでそろえられます。

肌に直接触れるものは人を幸せにします。

タオルは数を減らし、クオリティを保つだけで、日常の満足感が高まる代表アイテムです。

no. 2 ゴミ箱は美しく保って運気アップ

ゴミ箱は、小さくても部屋の雰囲気を左右しますから、見えない場所に置けば理想的です。

けれども、いつも見える場所に置く場合は、機能性だけでなく、オブジェにもなるような美しいものを選ぶ意識が大事だとお客さまに教えられました。

たとえば、「コンランショップ」や「ザラ ホーム」などで、ちょっとテンションの上がるものを見つけてみてはいかがでしょうか。

愛されるお金持ちのお客さま曰《いわ》く、ゴミはためず、こまめに捨てると運気アップになるのだそうです。

台所は汚れやすい三角コーナーを置かず、「無印良品」の「紙製水切り袋」を使うとスッキリします。

できるだけゴミを減らし、エコの意識をも高めて、暮らしをシンプルにします。

no. 3 小さいエコバッグで買い物に行く

エコバッグを持つ生活が当たり前になりました。大は小を兼ねると考えて、つい大きいエコバッグを持って出かけたくなります。

しかし、要らないものを買わないためにも、買い物にはA4サイズくらいの小さめのエコバッグを持って出かけるのをオススメします。範囲や制限が決まっていれば、そこに収まるよう、自然に人は工夫します。

エコバッグに入りきらないものを買いたくなったら、もう一度バッグの中身を見直し、「今、買うべきか？」「本当に必要かどうか？」を見極めます。

「3日以内に使わないものは買わない」「レジに行く前に、ひとつ買い物カゴから出す」など、マイルールを決めると、余計なものを買わなくなります。

no. 4
値段を見ずにものを選んでみる

「5000円くらいの予算で」などと、買い物をするとき、あらかじめ予算を決めるのは当たり前の習慣です。ですから、先に値段を見て判断する癖がついてしまっていませんか？　けれど、この癖があると、直感的に気に入ったものでも「高い」「安い」と、値段で判断する価値観が脳にインプットされてしまい、本当に気に入ったものを自由に選べなくなってしまいます。

本当に気に入ったものを選ぶには、まずは値段を見ずに選んでみる経験を積み重ねます。

たとえば、今日のランチメニューや家で履くスリッパなど、可能な範囲でいいので、「値段を見ずに本当に気に入ったものを選ぶ」をまずは実践してみます。そして、そのときの満足感を味わってみます。

その満足度が高ければ、3回に1回だけでも、本当に満足するものを値段に関係なく選びたいという意識が高まります。この意識が身につくと、「妥協して選んでも本当には満足しない」と気づき、ムダなお金を使わなくなります。

私の友人は、「安いもののちょこちょこ買い」を一切しません。買ってよかったものを聞くと、２０２０年は「ヤーマン」の美顔器、２０１９年は「ミラブル」のシャワーヘッドと、選び抜いたものを即答しました。

「お金はそこそこ使ったのに、いったい何に使ったんだろう？」ということはありませんか？　ムダ使いをしてしまうときは、思考力が落ちているときです。安さに惑わされないようにしましょう。

いつも値段を見ずに買うことはできないからこそ、本当に満足する買い物をするために、まずは値段を見ずに選んでみることが目利きになれるレッスンなのです。

no. 5 本物に触れる

私が百貨店で働いていたとき、愛されるお金持ちのお客さまたちは、本物を見る、本物に触れる日常を過ごしていました。たとえば、美術館や博物館にひんぱんに足を運んだりして、「本物」の波動を感じる体験を積み重ねています。

日頃から「いいもの」「本物」を味わう勉強をしていると、あらゆる場面において目利きになり、「選ぶ」力が身につきます。

たとえば、私は美術館で、ある1枚の絵の前で思わず立ち止まってしまうことがあります。美術品や絵に対する造詣《ぞうけい》は深くありませんが、ある絵にぐっと心をつかまれるときがあるのです。きっとあふれ出すエネルギーやオーラが心の琴線に触れるからでしょう。

こんな体験が、本物を見極めるときの直感を養ってくれます。たとえば、ヨーロッパの朝市で並んでいた古い食器の中に同じようなオーラを放つものを見つけたり、腕のいい職人がつくったカメオのブローチに彫られた女性の顔がくっきりと浮き上がって微笑んでいるように感じるのです。

人は視覚からの情報が一番多いので、「本物を見る体験」を繰り返すと、自分の「目利き力」もグレードアップします。

ネットでの買い物が主流になりましたが、質のよいものを見極めるには、本来はできるだけ、いい店で買い物をすることです。いい店とは、外観がシンプルでありながらポリシーが感じられ、清潔感があって、働いている人のぬくもりや笑顔が感じられる店です。そんな店で買い物をする経験を積めば、安いものの中からでも質のよいものが選べるようになります。すると余計なものは買わなくなります。

安易に買わず、とにかく見る。よく見て、さらに見て、また見て、それでも買わずに、とことん見てみる。

そんな習慣こそが、質のよいものを選べる大人へと育ててくれるのです。

no. 6 紙袋のストックは袋ひとつ分だけ

紙袋も有料の時代になったので、ブランドショップのショッピングバッグや可愛い紙袋などは、「いつか使うかも?」と思い、ついつい取っておきたくなりますよね。けれど「いつか」は永遠にやってこないことが多いのです。

そこで、「紙袋ひとつ分だけ残す」と決め、その袋に入りきらないものは潔く捨てます。これなら場所も取りません。残すのは、「シワのない新品同様のものだけ」「すぐには破れない紙質のしっかりしたものだけ」「お金を払ってでも買う価値を感じるものだけ」など、マイルールを決めます。ブランドショップのショッピングバッグをサブバッグ代わりに持っていた時代もありましたが、今はほとんど見かけません。使うシーンにふさわしいものだけ選びましょう。

人に差し上げるものを入れるなら、自分がもらったら本当にうれしいと感じる袋にします。特別感のあるものだけに絞りましょう。

no. 7
キレイを目減りさせるメイク用品は捨てる

ボロボロのメイクスポンジ、分離したマニキュア、カラカラになったマスカラ、1年以上使ってないアイシャドーやリップなどは、持っているだけで、私たちの「キレイ」が目減りしていきます。

リップの新色が出る春と、スキンケアを変える秋の年2回はすべてを見直し、使っていないものやケースが汚れたもの、割れているものは思いきって処分します。美しいものだけを残すと美意識も高まります。

特に、人前で出すコンパクトやリップなどは、意外と見られています。パッケージもテンションが上がる美しいものを選びます。メイク用のポーチも汚れていないか、くたびれていないかチェックします。コンビニコスメやプチプラでも、可愛くて優秀なのがそろっています。「メイク用品は、いつも清潔感のあるものだけを使う」という意識が「キレイ」を底上げしてくれる土台となります。

no. 8

すきま時間で整理整頓する

忙しい毎日の中でふと生まれるすきま時間に何をするかで、1日の色が変わるような気がします。

心がグレーになり、どんよりと疲れているときは、このすきま時間に整理整頓することにしています。家の中やバッグの中、財布、ポーチの中など、ちょっとした時間に整理整頓すると、部屋が広く感じられますし、持っているものにも息が吹き込まれていく気がするのです。

疲れているから整理整頓ができないのか、整理整頓ができていないから疲れるのかは、卵が先か鶏が先かの話になってしまいます。

私の経験では疲れているときこそ、たとえ10分でも整理整頓するとリセットされ、いつものリズムが戻ってくるのです。ものの住所を決めて定位置に戻すだけ、色あせたり、余計なものを捨てるだけ、空いたスペースをサッと拭くだけですが、空気が動きます。

私は販売員時代の習慣で、朝の10分に掃除や整理整頓を行うと、気持ちが整います。

店内やストックを整理整頓することで商品も気持ちも輝きを取り戻し、「さ、今日もがんばろう」とスイッチが入るのです。

疲れているときは、すべてが止まっている気がしますから、大切な1日を彩りゆたかに動き出すためのウォーミングアップです。

朝だけでなく、すきま時間にする整理整頓は、運気を変えるきっかけになります。

no. 9 手のひらサイズのコスメを買う

コスメや香水などはお得だからと、大きいサイズを買いたくなりますよね。けれど、最後まで使いきれずに古くなって捨ててしまうことも多くありませんか？　お得なものを購入しても、最後まで使わなければ意味がありません。

そこで、あえてミニサイズを選ぶことを習慣にします。それなら使いきれますから、結局はお得なのです。

「化粧品は手のひらサイズのものしか持たない」と決めておくと、バッグの中身もコンパクトになります。持ち歩きにも便利ですし、バッグも軽くなり、旅行の際には詰め替える手間が省けます。

Column

「あってもいい」ものには心の手垢がついている

家の中に「あってもいいか」と思うものは、たくさんあります。でも、それらは決して「あってほしい」ものではありません。

「あってもいい」ものは「けっこう高かった」「いつか使うかもしれない」と思うので、ついつい場所を占領していきます。けれど、「あってもいい」ものは、「なくてもいい」ものですので、大事にもしないし、心地よいものでもありません。手垢のついた鏡を持っているかのようです。

「あってもいい」と、消極的に取っておいたものを何年かして使うことは、少ないと思いませんか？　取っておいたことさえも、忘れているのではないでしょうか？

今、使っていなくても「持っていたい」と積極的にしまっているものは、ときどき手入れをしますので愛着があります。磨くことも忘れませんから、何年経ってもピカピカです。

手入れをしながら、置いておきたいものだけが、本物の「あってほしい」ものではないでしょうか。それ以外は、持っていても時間とともに曇るだけで、経年劣化していきます。

バーゲンやアウトレットショップに出かけて、「あってもいいか」と値段の安さでつい買ってしまう習慣から、脱却しませんか？

「あってもいいか」と手に取ったときは、「あってもいいと思うものは、なくてもいいもの」と心の中でつぶやきます。

「わざわざ来たから何か買わなくちゃ交通費がもったいない」と思わず、「タンスの肥やしを増やすためのお金を使わなくてよかった」と、手ぶらで帰る自分を褒めてあげましょう。

家の中に「あってもいい」ものを持ち込まなくなれば、おのずとものは少なくなります。

片付けや整理整頓が苦手ならば、ものを持ち込まなければいいのです。

すると選択肢が減るので、何を着るか、どれを使うかも悩まないので時間も増えます。

あるインテリアショップのオーナーは、「自分の家にあるもの、すべてに思い入れがある」「なんとなく買ったものはひとつもない」と言いました。「あってもいいか」に囲まれた部屋との違いは歴然です。

安らげる場所とは、自分にとって大切な「持っていたい」ものだけで調和した家なのです。そのオーナーの言葉は、家づくりの大切さと、ものとの付き合い方を教えてくれました。

no. 10 3か所を掃除して運気を上げる

①窓

２０２１年は「風の時代」のはじまりと言われていますので、「風」がキーワードになりそうです。ですから、風の通り道である窓を美しく磨いておきたいですね。運のいいお客さまは、「美しい窓からは、いい運を運んでくれる風が入る」と言いました。風通しのよい部屋は、汚れもたまりにくくなるのだそうです。

風が吹き抜ける気持ちよさには、よどんだものを一掃するチカラがあります。風向きが変わるだけで、人生のストーリーも登場人物も変わりますし、運命も変わるはずです。

今から美しい窓を全開にして、やわらかな心で変化を受け入れていきましょう。

②照明器具

明るさとあたたかさをもたらしてくれる照明器具はホコリを取り除き、ピカピカにしておきたいですね。北欧のようにくつろげる空間を照明で演出すると、日常に小さな幸せの灯がともる気がします。

あたたかな照明のある穏やかな夜時間は、がんばった自分へのご褒美です。

③鬼門と裏鬼門の場所（北東、南西）

運のいいお客さまは、家の中の鬼門、裏鬼門と言われている場所（北東、南西）を徹底的に掃除していました。

汚れは隅にたまりやすいです。人の品格は手や髪といった端に宿るように、隅をキレイにして家の品格を高めると、運気アップにつながるそうです。

no. 11

心も整う運気アップの場所

［財布の中］

愛されるお金持ちのお客さまで、レシートやポイントカードで財布がパンパンになっている方はいませんでした。たいてい小さい財布をお持ちです。

「バレンシアガ」のミニ財布から小さい財布のブームが起こりましたが、キャッシュレスの時代になり、財布のミニマム化はさらに加速しました。今までは長財布を持っていても、最近小さい財布に変えた方も多いかもしれません。

「小さい財布に変えて、中に入るポイントカードやクレジットカードを厳選しコンパクトにしたら、出費を抑えられました」という声も聞きます。しっかり貯蓄している人ほど財布は小さく、中は整理されています。

小さい財布は、お金への意識をアップさせます。

［冷蔵庫の中］

キッチンは家の中でもさまざまなものの新陳代謝がもっとも行われる場所です。冷蔵庫に賞味期限切れの食材が詰め込まれていると金運も落ちるのだと、愛されるお金持ちのお客さまは言いました。なぜなら、多くのものがムダになっていて、お金にもやさしくないからです。ものが停滞し循環がなくなると、お金の流れも悪くなるそうです。

［シュークローゼットの中］

玄関はその人の暮らしぶりを表す鏡のような場所。「玄関に靴が散乱している家は泥棒に狙われやすい」と、お金持ちのお客さまは言います。

確かに盗難の多い店は入り口から見たときハンガーの向きがバラバラで、棚の上の商品も乱れていると聞きました。「この店は、ものの扱いがだらしないから盗みやすい」と思われるそうです。

靴は外からの気を家の中に持ってくるので、汚れた靴がシュークローゼットの中に並んでいると、運気も落ちると言われています。

玄関の靴はきちんとそろえ、クローゼットにしまう前にホコリや汚れを落としておきます。

no. 12

一輪の花のような傘立て

玄関にあるもののひとつが傘立てですが、傘立ても機能性や値段だけでなく、美しいものを選ぶと、玄関を美しく整える意識が高まると感じます。オブジェのように美しい傘立てに、ビニール傘ばかりあふれていては残念な気持ちになりますし、傘を美しくたたむ意識も高まります。

ちょっとテンションの上がるものを探しに、輸入中古品を扱うインテリアショップや「フランフラン」などを覗いてみては、いかがでしょうか。

玄関に花を一輪飾るだけで、「キレイをキープしよう」という気持ちになりますが、美しい傘立てには同じような効果があるのです。

no. 13

浴室にはシャンプーを持ち込む

お風呂に置いてあるシャンプーやボディソープなどは、容器の底がぬるぬるしたりカビが生えるので、常に掃除が必要になります。

そこで、洗面台の下の収納に置いた持ち手のあるステンレスのカゴの中にシャンプーやボディソープなど一式を入れ、入浴のたびに持ち込み、浴室のフックにかけています。

最初は少し面倒に感じましたが、ぬるぬるせず、掃除も簡単になりストレスが減りました。

no. 14

ドアの前と床にものを置かない

心地よい空間とは、空間にゆとりがあることではないでしょうか。

ある一流ホテルは、2階がゆったりしたロビー階なのですが、天井を見上げると3階と4階部分が吹き抜けになっていて、2階の次は5階です。3階、4階にも部屋をつくれば、それだけ稼働しますから効率的です。が、このムダにも思える空間のゆとりが心地よさや高級感をつくり出しています。

ただ、個人の家の中では、同じようにはいきません。せめてドアの前にものが置いてあって大きくドアが開かない、また、床にものが置いてあって歩きまわれないという状態をつくらないことです。よい運が入ってくる「余白」がなくなるからです。

広々とした床はゆたかな経済状態を表すとも言われています。床にものがないだけでも部屋は広々として見え、掃除もしやすくなります。

no. 15 捨てるべき服の見分け方

「着ないものには陰の気がこもる」と聞きますが、なかなか服を捨てられない人は多いと思います。布は縦糸と横糸を掛け合わせてできるものなので、まさに「縁」を表し、くたびれたものを取っておくだけで縁遠くなると言われています。

陰の気を抱え込まないようにしたいものです。よい運を引き寄せるつもりで、古い縁は手放していきましょう。手放すからこそ、新しいものが来るのです。

［捨てるべき服］

・くたびれた服

取れないシミやシワのある服、襟元や袖口がくたびれた服、色あせしてきた濃い色の服などは、あなたを「くたびれた人」に見せてしまいます。特に首回りは、顔の印象を左右します。どんなにキレイにメイクをしても、よれよれのＴシャツやニットを着ていては、残念な人という印象になってしまいます。

・年齢とともに似合わなくなった服　サイズの合わなくなった服

短すぎるスカートや顔色が悪く見える色など、年齢とともに似合わなくなる服があります。女性は「一番モテていたときの髪型、洋服から離れられない傾向がある」とも言われますが、年齢とともに似合う服は変わっていきます。体形が若いときから変わらない人ほど、要注意かもしれません。体形が変わらなくてもひざがたるむなど、細部は変化しています。

また、服のサイズは特に重要です。体形にあったサイズの服を身につけるだけで洗練度はアップします。

・2シーズン着なかった服

「今年は急に寒くなったからあの服は着なかった」などの理由で、1シーズンは袖を通さない服はありますが、２シーズン着なかった服は、あなたのライフスタイルに合わなくなったのです。今のライフスタイルで、ヘビロテしている服だけに絞ります。

仕事着が中心なのか、おうち着が中心なのか、コアになるシーンの服がワードローブの7割を締めるのが理想です。

［捨てるコツ］

・タグを見ない

「ブランド品だから捨てたくない」「高かったのにもったいない」と思ってしまうので、タグは見ない、そして買ったときの値段は考えずに判断します。

毛玉だらけのブランド品のカシミヤニットより、今年買ったばかりのユニクロのカシミヤニットのほうが、あなたをすてきに見せてくれるのです。

・着てみて写真を撮る

人の似合う、似合わないはわかっても、自分のことは案外わからないものです。

そんなときは、その服を着て写真を撮ってみて、第三者になったつもりで自分の姿を客観的に見て判断します。自分が好きなだけでなく、「人から見て似合う」「この服を着ていると評判がいい」という視点も大事な要素です。

・売ろうとしすぎない

フリマアプリなどで売ろうとして結局売れずに、着ないけれど置いてあるものはありませんか？

「売れればラッキー」ぐらいに考えます。高く売れるものは、「まだ十分に着られるし、手放すのは惜しい」と感じる段階のものだけです。

no. 16

運の入り口と出口をキレイに保つ

「何だか最近ついてないな」と、運気の流れが悪いと感じるときは、運の入口と出口である、「玄関」と「トイレ」をキレイに掃除します。

玄関のたたきをウエットティッシュで拭いた後、から拭きをし、ドアノブの汚れを取り除きます。そして、トイレもブラシやトイレ用シートで磨きます。

「悪循環」という言葉がありますが、空気の流れが悪い、循環していないと運も停滞していきます。

「運気」とは、「気を運ぶ」と書きますから、家中の空気が入口から出口へと動くよう自らが動き整えると運気も整っていく気がします。

no. 17
鏡を磨いて心の曇りを取る

イライラしたときや心がざわざわしたときは、家の中にある鏡をピカピカに磨きます。曇った鏡に自分を映しても、美しく見えません。

鏡の曇りは「心の曇り」のように感じるので、姿見や手鏡、化粧ポーチの中の鏡など、目に付いて簡単にできるところから、曇りを取り除き、ピカピカにします。

また、蛇口も新品のようにピカピカにすると、新築の家になったような感覚になります。

一心不乱に磨いていると、いつのまにか心の曇りも取れます。

no. 18 ものは定量、定番、定位置が基本

私は、服は春夏物20着、秋冬物20着、合計40着までと決めています。

クローゼットの中を40着までと定量をキープするなら、まずはボトム選びからです。季節を問わず、通年着られるものを定番にすると数が増えません。

できる限りハンガー掛けし、「見える化」することで、タンスの肥やしがなくなり、同じものをダブって買ったりするのを防げます。

また、結婚式やパーティなどに着るオケージョン服は、レンタルが便利です。年中着るわけでもありませんし、気がつけば古いシルエットだったり、色あせていたりして、いざというときに着られなかったりします。レンタルならそのときの最新流行のものが選べますし、自分では買わないちょっとリッチなものを着られます。

そして、散らかるときは決まって、ものの住所が明確になっていないときです。

DMや新聞、書類などをしまう時間がないときは、デスクの上に「とりあえずBOX」としてレタートレイを置き、その中に入れておきます。週末の時間ができたときに、中が空っぽになるように片づけるのです。「イケア」のレタートレイは優しい色合いの無垢材で、収納力もあります。

すべてが定位置にある部屋は、疲れて帰ってきても気持ちをリセットしてくれる効果があります。

no. 19

運のいい家を真似する

愛されるお金持ちのお客さまの家は広々としていて明るくて、空気もきれいで、とても運がよさそうな家に見えました。同じものを手に入れられなくても、運がよくなるポイントは真似できそうでした。共通している特徴は、次の５つです。

①大きな窓があり、風通しがよい

解放的な大きな窓があります。たとえ大きな窓でなくとも、常に部屋に気持ちのよい風が通り抜けていくよう、窓の前に家具やものを置かないようにすることです。風が通り抜ける家は、長持ちし発展していくそうです。

②寝室にはベッドだけ

眠りはパワーの源。睡眠だけに集中できるよう、寝室にはベッド以外にものがありません。ベッドだけが目に入ることで、「ここは眠るための場所」というスイッチが入り健やかな眠りにつけると言います。難しい場合は、パーテーションで区切るなど、工夫するとよいかもしれません。

③自分だけのスペースがある

書斎とまではいかなくとも、自分専用のスペースをつくります。たとえキッチンの一角でもいいのです。自分だけの心地よい場所で、自分を見つめる時間を持ちます。狭くても自分らしく寛げるスペースがあると、パワーチャージできるのです。

④玄関がすっきりしている

広々とした玄関にはものがなく、すっきりとしています。玄関は運の入り口なので流れを邪魔するものを置かないのだそうです。広い玄関は無理でも、せめて靴を出しっぱなしにせず、さっぱりと片付いた状態を目指します。

⑤たくさんの緑がある

たくさんの緑に囲まれています。また、その緑もイキイキとしていて、手入れが行き届いています。イキイキとした植物からよいパワーをもらえるのだそうです。

no. 20

家で使うものは色を決める

知らず知らずのうちに家の中のものが増えすぎてしまう方は、「家で使う色を決め、それ以外のものは人にあげる、処分する」と決めるのもひとつの方法です。

たとえば、食器やタオルなどは色をそろえると統一感が出ます。ルールを決めてしまえば、家の中に「何を入れるか？」「何を入れないか？」と迷ってばかりの決断疲れからも解放されます。

「食器はどんな料理にも合う白だけ」と決めている友人は、小さな食器棚に収まる数に絞れて、快適になったと言います。

Tips

心を安定させてくれる「ロエベ」のレザージャケット

―買ってよかった私の人生の相棒たち―

「なんてやわらかいんだろう」。そのレザージャケットに袖を通したとき、皮革独特のしなやかさに包まれ、守られているように感じました。

心理学者ハリー・ハーロウによると、人はやわらかいものに触れると、心が安定するそうです。

私はそのレザーの手触りに安心感を覚え、購入を決めました。なめらかで新しい皮膚を手に入れ、生まれ変われるような気がしました。革とは皮ですから、やわらかい皮膚は癒やしなのです。

このジャケットに手を通すとき、動きやすくあたたかで、20年以上経っても小さな感動を覚えます。皮革独特の美しい光沢感は20年経って、いぶし銀のような輝きを放ち、魅せられてやみません。ピカピカだった新品の頃と比べて、手入れをしながら年月を重ねると、少しかげりが生じて深く沈むような味が出てきました。そうした年月の積み重なりで、ますます質のよさがにじみ出るのがいいところです。

「ロエベ」は、皮革製品で有名なスペインのブランドで、創業１００年を超える現在も、職人とものづくりの根底にあるクラフトマンシップを守ることを使命としています。

　昨今はフェイクレザーが、ハイブランドでも注目されていますが、このなめらかな手触りを実現できる職人の技術は、やはり永遠に守られていってほしいと思います。

　また、「ロエベ」は、職人や芸術の保護や動物、環境保全にも積極的に取り組んでいます。

　近年、「サステイナブル（ＳＤＧｓ：持続可能な開発目標）」が注目されていますが、「持続可能」という意味でも手入れをしながら長く愛せる「ロエベ」のレザージャケットは、買っては飽きて捨てるを繰り返す浪費のバッドサイクルから抜け出ることができた品です。

ひとつの選び抜いたものを長く愛するライフスタイルは、心も長い時間をかけてゆたかに満たされていきます。「ファストファッション」から「スローファッション」への転換です。

もちろん、メンテナンスは重要です。さすがに裏地は腕の付け根のところがすり切れてきたので、ショップに持ち込み、新しく張り替えてもらいました。光沢のあるブラウンのシルクの布地に張り替えられたジャケットは美しく蘇り、まだ20年は着られそうです。


当時の私には高級品でしたが、思いきって買ってよかったです。

色は、少しオレンジがかった茶系で、お尻の隠れる長さ、ウエストが少し絞られたラインが美しく、主に白いパンツやデニムと合わせています。

私の歴史を着るように、一生着続けます。これを着たシルバーヘアの自分も楽しみなのです。

Chapter 2

シンプルだけど「リッチ感」のあるお洒落

―軽やかさはマスト！―

重いコート、重いバッグ、重いブーツはNG

いつからか、重いコート、重いバッグ、重いブーツをやめました。どんなにデザインや色が好きでも、人は快不快という感情が先だと実感しました。

体調のいいときしか着られない重いコート、中身を入れなくてもすでに重いバッグ、底の厚い重いブーツを身につけるとフットワークが鈍くなり、気持ちまで重くしてしまうと感じたのです。

ふわっと風をはらんだような「コート」、小さくて軽い「バッグ」、足にぴったりと吸いつくような「靴」は、ライフスタイルも軽やかにしてくれます。

コート、バッグ、靴は、大人の品格をも表す3種の神器ですから、妥協なく選びたい。そう教えてくれたのは、受注会に来てくださるＶＩＰのお客さま方でした。

この3つは、受注会でいち早く予約の入るアイテムです。

まだ残暑の太陽が照りつける中、ウールやカシミヤのコートは辺りに初秋の気配をひと足早く感じさせ、お洒落本番を待つワクワク感と、最先端ブランドの新作が持つエネルギーを店内に放ち、私たちをうっとりとさせてくれました。

カシミヤのコートをふわっと羽織ったお客さまは、あたたかでやわらかな触覚を楽しみながら、美しい後ろ姿を念入りにチェックされます。そして、新作の小さなバッグを持って姿見で全体のバランスを確認します。

靴はコーディネートの核となるもの。旬の気分を取り入れるには靴をアップデートします。最先端の流行のものを真っ先に履いて、街に出かけるのです。

お客さまは自分のサイズと前後の3サイズを履き比べ、納得するまで試着され、店内を歩かれます。「これで、どこへ出かけようかしら」と、まるで未来を買うような目で鏡に問いかけ、ふわりと一回転されました。

横から見ても後ろから見ても美しく、どこまでも軽やかで、どこまででも歩いていけるような、そんな雰囲気が漂っているのです。

人生という旅には、すてきな靴と本当に必要なものだけを小さなバッグに入れて歩いていきたい。

少しくらいつらいことがあったとしても、あたたかで軽やかな上質なコートをまとえば、寒くはありません。

軽やかなファッションはすてきな明日が来ると約束してくれるような気がしました。

no. 21

コスパブランドに、上質な「革」ときらりと光る「金」を足す

すてきな着こなしは、「布」だけでなく、「革＋金」をプラスすることで完成します。

布（服）はコスパブランドで全身をそろえても、革であるバッグや靴が上質だと高見えします。存在感のある小物なら、コーディネートがピリッとして洗練されるのです。

アクセサリー（金）も同様です。ネックレスやリング、ピアスだけでなく、バッグについている金具やチェーンも上質なものはコーデを格上げしてくれる大きな存在です。

どこか1点のみでいいので、上質な革ときらりと光る金を足しましょう。

no. 22

白トップスは第一印象アップの着映え効果あり

全身「黒」をメインにしたコーディネートは、かっこいいのですが、黒ばかりだと重苦しさを感じます。そこで、重要なのが「抜け感」です。抜け感とは、軽やかさをプラスすることですから、インナーや小物に白を加えると軽さが出ます。大人の女性の肌を明るく見せてくれて、軽やかさと清潔感がプラスされる白は強い味方です。

白は明度が一番高い色なので、ライトで照らされたような明るさを持っていて、ハッと息をのむような第一印象アップの着映え効果があります。ですから、着映えのする白のブラウスを何枚か持っておくと、いざというときの強い味方になります。

もし、1枚だけ好きな服を選ぶとしたら、私はチカラのある白のブラウスを選びます。チカラのある服とは、それ1枚で十分に絵になるもの。袖コンシャスだったり、リボンなどのアクセントがあったり、脇役ではなく主役級の存在感のあるものです。

そんな1枚の白のブラウスは、服を着る楽しさと自信をくれます。

no.23

バッグは持ち方までがコーデの一部

ハイブランドショップで接客をしていたとき、常連のお客さまは決まって、姿見でバッグの持ち方をチェックしていました。

たとえば、クラッチバッグを斜めに持ってみるだけで、ウエストラインがほっそり見えます。また、ショルダーバッグはストラップの長さに注目して、短すぎないか、長すぎないかを念入りに調整します。

バッグを効果的に持ってこそ、コーディネートは完成するのだと教えてくれました。

バッグはコーディネートの一部であり、洋服の一部でもあるのです。

no. 24 ニットとストールが同系色は洗練の証

秋冬に活躍するストールは柄物やアクセントカラーを選びがちですが、あえてニットのトップスと同系色でそろえると、大人っぽい着こなしになります。ヨーロッパのマダムは街の色や季節の空気に溶け込むようなストールをさりげなく巻いていて、その洗練された姿が私のお手本となっています。

たとえば、ネイビーやグレー系のニットに、イエロー系のストールは、メリハリがあってかっこいいのですが、ヨーロッパのマダムのようなシックな装いを目指すなら、同系色のほうがしっくり来ます。私にとってのストールは、もうひとつの肌のような感覚なので、目立たせるより、なじむものという感覚が大きいです。

ストールはバッグと同様で、上質なものはお手入れしながら長く使えますから、肌のように大切にしましょう。

no. 25

黒コーデは赤リップと赤ネイルで映える

口元と手元は、人からはよく見られているパーツです。

黒を着たときこそ、もっとも映えるのが赤リップと赤ネイルです。鮮やかな赤をまとうと、主役級のオーラやミステリアスな雰囲気が漂います。赤と黒のコントラストは、大人のかっこよさと華やかさを際立たせてくれます。肌も白くキレイに見えます。

黒は特別な色。地味にもゴージャスにもなる奥深い色です。黒に赤を効果的に使って、違う自分を演出するのもすてきです。

数多くある赤リップと赤ネイルの中から自分を一番華やかに見せてくれる赤を選んで、たまにはドラマティックな雰囲気にしてみませんか。

いきなり赤リップで出かけるのは勇気がいるという方は、マスクをしているときに、マスクの下でコッソリ塗って高揚感を味わう予行演習もオススメです。

no. 26

薄ツヤスカートの実力

光沢のあるサテン生地のロングスカートは、通年着られて、お洒落に見えるアイテムのひとつです。

私の愛用品は薄いベージュのプリーツスカートです。

サンダルやスニーカー、パンプスだけでなく、冬はブーツを合わせて、年中活躍するヘビロテアイテムです。

薄くてツヤがあって、ゆれるタイプのロングスカートはコーデのアクセントにもなり、女性らしさもあり、コートを着てしまえば寒くないので冬も活躍してくれます。

ツヤをプラスすることには、若々しく見える効果もあります。

no. 27 ダメージ加工、くすみ色のアイテムは要注意

ダメージ加工のデニムや古着はお洒落でかっこいいのですが、あまりにもダメージ感の強いものは、着る人の顔つきが疲れて見える恐れがあります。残念ながら、ダメージ加工は、ダメージのまったくない、若いピカピカの肌や髪で着こなしてこそ、かっこよくお洒落に見えます。

ビンテージがお好きな方は、アンティークのジュエリーや時計など、小物で楽しんでみてはいかがでしょうか？　大人ならではの品格が漂います。

ダメージ加工と同じように、流行の「くすみ色」にも注意が必要です。原色に灰色を混ぜていくと「グレイッシュ」という微妙なニュアンスのある色になり、とても魅力的です。けれども、くすんだ色を、顔の近くに持ってくるときは工夫が必要です。顔に当ててみて、暗く見えないこと、穏やかで優しく見えることが大事です。

no. 28 老け見えしないブラウンの着こなし方

近年のエコブームの気分からか、ブラウン系がトレンドのようです。しかし、茶色はファッションではもっとも難しい色です。中でも黄味の強い色は老けて見えがちですので注意が必要です。

自分に似合う茶色を知っておくと、失敗しません。

茶系のコーディネートは上から下へグラデーションになるように合わせていくと、さらに失敗が少なくなります。ベージュ系のトップスから下に向かってだんだん濃い色になるように、ボトムや靴を選ぶのです。

そして、インナーやストールに白を持ってくると清涼感が出ます。

茶色は難しい色だからこそ上手く着こなすと、お洒落な人という印象になります。

no. 29 温度調節も「着こなし」のうち

近年は四季がハッキリしないため温度調節が難しく、何を着ていいのかわからなくなります。

年中、ストールを持ち歩いたり、薄い素材の羽織りを重ね着して、温度に合わせて脱いだり着たりすることも多くなりましたが、これが「着こなす」ことだと実感します。

たとえば、パーカーはアウターにもインナーにもなりますし、カーディガンもボタンをとめて1枚で着たり重ねたり羽織ったりと、着こなし上手な人の定番です。

温度調節できる服を着ている日は快適なのです。かっこよく温度調節できるコーデは、服を着こなしていると言えます。

no. 30

ときにはタイトなボトムをはく

ラクなほうに逃げてしまう毎日が続くと、体形も簡単には元に戻せなくなります。なので、ラインがダイレクトに出るスキニーデニムなど、体形の赤信号に気づくアイテムを決めておきます。

「少しでも太ったら、すぐにわかる」というスリムなボトムを決めておくと、ダイエットのバロメーターになります。私もだらだらと食べすぎてしまう日が続くと、活を入れるために、少しきついスキニーデニムをはきます。

おうち時間が長くなるにつれて、ゆったりサイズの洋服がトレンドの主流となりましたが、ときにはタイトなボトムをはくと気分もシャキッとして、暮らしの仕切り直しができます。

no. 31

頭を小さくすればお洒落に見える

お洒落な人の家の玄関には、必ず全身が映る姿見があります。靴を履き、バッグを持った状態で、全体のバランスをチェックします。

お洒落な人に共通しているコーディネートのグッドバランスは、頭を小さく見せることです。髪を上手に小さくまとめていたり、小顔に見せるショートカットだったりと、8等身に近づけるテクニックが上手です。

お洒落な人は玄関で靴を履き、靴を履いた状態で、さらに8等身に見せる工夫をします。ベルトの位置やストールの巻き方などをチェックして、相手の視点をいかに腰から上に持ってくるかを見ています。

朝はあわてて飛び出さず、玄関の姿見でのこうした1分間が、8等身美人へ近づくレッスンなのです。

no. 32

目立ちすぎるロゴはNG

さりげないロゴのついたバッグや洋服はお洒落ですが、目立つロゴがついたものをアクセントに使ったコーディネートは要注意です。

ロゴは自分で思っているよりもインパクトがありますから、「○○のロゴの人」という印象が残ってしまいます。

ハイブランドの店長時代、私の顧客さまはロゴのあるものを好みませんでした。ロゴのないもの、目立たないもののほうが、ブランドを主張せずシックなコーデになると考えていました。自分の存在よりロゴが目立ってしまわないように気をつけていたのです。

「さりげなさ」は、品格につながるのかもしれません。

no.33

品のあるカジュアルスタイル7：3の法則

フルメイクをしたときに、カジュアルアイテムだけでまとめたコーデだと、老け見えしがちです。顔だけが浮き上がって見えてしまいます。

そこで、大人のエレガンスカジュアルを目指すには、カジュアルアイテムを7割に抑え、3割はキレイ目のアイテムや高見えする小物を合わせましょう。

たとえば、布のスニーカーをレザースニーカーに変える、綿のカットソーをシルクのブラウスやカシミヤのニットに着替えるだけでも、洗練された大人感を演出できます。

no. 34 プチプラで買わないと決めているもの

「ヒールの高いパンプス」

プチプラアイテムは大量生産ですので、足型に合わないと健康をも左右するヒールの高いパンプスは避けたほうがよいでしょう。流行の形だからと、痛いけれど無理して履き続けるのは危険です。

ヒールの高いパンプスは妥協せず、自分の足型にぴったり合ったものを選びましょう。足もとはグラグラさせず、安定させます。

ファストファッションで靴を買うならヒールの高いパンプスではなく、ヒールのないサンダルかスリッパ系のミュールがオススメです。

「フェイクレザーのバッグ」

プチプラでもすてきなバッグはたくさんあります。しかしフェイクレザーは丈夫だとトートバッグを買ってみたものの、やはり本物の革の手触りが恋しくなり、持たなくなってしまいました。

プチプラで買うならフェイクレザーではなく、夏に活躍してくれるカゴバッグやオケージョン用のクラッチバッグなどがオススメです。

フェイクレザーは、近年は「エコレザー」と呼ばれていて人気ですが、取り入れるならバッグより、そのシーズンに流行している洋服のアイテムで取り入れて、シーズン限定で楽しみます。

［ウエストがゴムのゆったりパンツ］

多くの人のサイズに合うようにつくられているプチプラのウエストゴムのパンツは、ウエストだけではなく、ヒップ周りも太もも部分もゆったりとつくられていますので、はきやすいパンツです。しかし、これは太って見える原因のひとつです。

パンツのひざから下のシルエットがゆったりしてても、ヒップと太もも部分はゆるすぎずしめつけすぎないジャストサイズが、スタイルアップのポイントです。

今のボトムは少し腰から下ではくシルエットのほうがスタイルアップして見えます。

このシルエットが実現している良質のパンツなら、ウエストの一部がゴム使いでもOKですが、ついつい自分に甘くなって「少し太ったから、大きめを選んでおこう」と安易に思ってしまうときは、気をつけなくてはなりません。


プチプラを賢く利用するには、買わないものを決めることが大切です。

過去に買ったけれど出番の少なかったものは次から避けましょう。失敗した理由をきちんと把握しておくと賢い買い物ができます。

上手に利用したいですね。

no. 35
リモート時代に選びたいトップス

リモートでのコミュニケーションが活発になった昨今は、トップス選びが重要になりました。

疲れたときや肌のコンディションがイマイチのとき、肌をキレイに見えてくれる頼れるアイテムは、ポリエステルやレーヨン素材です。落ち感もあり、しっとりとした光沢感があるので、画面越しでも大人女性の肌をワンランクアップさせてくれます。

お金をかけるなら、ボトムよりトップスです。

食事のシーンでも相手から見えているのは上半身ですから、トップスのグレードを重視しましょう。

no. 36 おば見えTシャツは着ない

「Tシャツが3万円!?」。店頭で品出しをしていた私は、固定客に人気の定番Tシャツを広げながら、びっくりしたのを今でも覚えています。それまで1980円のTシャツを着ていた私には衝撃でした。

しかし、そのTシャツをお客さまがお召しになって来店されたとき納得したのです。襟元に、なんともいえない高級感が漂っていました。生地の高級感と縫製の美しさが首元のネックレスと調和してエレガントな大人のカジュアルスタイルの主役になっていたのです。

着物文化のある日本では着物の襟から、いかに粋に首を見せるかで美しさを表現していました。首元をいかにつくるかは今も女性の美しさの基本です。

大人になってから似合わなくなったアイテムの筆頭は、襟元がペラペラの貧弱Tシャツかもしれません。Tシャツは、ピカピカしたハリのある肌と引き締まった筋肉質の体に似合います。一方、シワのある首やたるんだ二の腕にペラペラの生地のTシャツは、老けを強調するアイテムなのです。

Tシャツは代表的なカジュアルアイテムで、英語の「Ｃａｓｕａｌ《カジュアル》」には「何気ない」という意味があります。「何気ない着こなし」とは全体が調和していること。ですから、大人のカジュアルスタイルは、その人の中身とコーディネートが調和していることが大事です。何気ない、カジュアルなアイテムほど難しいのです。

大人の年輪であるシワや穏やかなたるみを包んで補正してくれるほどのTシャツは美しい襟元と肩から腕のラインが絶妙で、ウエストまわりのシルエットも美しく、生地も上質です。ですから、それなりの値段なのです。大人の中身に合った風格があるものは、お値段以上に着こなしに品格を与えてくれます。

そのお客さまは、買った年は着るたびにクリーニングに出し、少しでも襟元がよれてきたら部屋着にするとおっしゃいました。どんなコーディネートにも合うTシャツを1年間、どんなシーンでも徹底的に着るのです。

Ｔシャツを買うのは、１枚の上質紙を買うようなものだと教えられました。上質なＴシャツは、シルクのブラウスくらいの値段ですから、安易に買わず選び抜きます。１枚で着るならホテルのディナーに行けるくらいのものを、そしてジャケットのインナーに着るなら、数シーズンだけのお付き合いと割り切って、ファストファッションで買います。

ファストファッションで買う場合も、必ず試着をオススメします。昨今の流行はビッグシルエットですから、私はＴシャツもＭサイズと決めつけず、ＳもＬも着てみて、鎖骨はどれくらい見えていいのかか、それとも隠したほうがいいかを鏡と相談します。袖丈や着丈も重要で、たった１㎝の差で、腕やウエストが細く見えるのです。

大人のＴシャツは、裸でいるより美しく見えなければ意味がないと思います。

no. 37
ファッションの切り替えは早めが上がる

ファッション業界にいると、いち早く季節の先取りをするお洒落な人たちをたくさん目にしました。

夏のお盆を過ぎたら、お洒落な人は麻のジャケットを着ません。秋色のウールのジャケットを涼しい顔で着こなし、9月には、すでに上下コーデュロイのスーツでした。そして、立春（2月）を過ぎるとファーのアイテムは封印し、厚手のコートからステンカラーコートなど春のコートに切り替え、重ね着を楽しんでいました。

次の季節のトレンドアイテムやトレンドカラーをまとい、颯爽《さっそう》と登場する人生の先輩たちは、私の憧れでした。

「また、新しい季節が来るんだな」と、ファッションからパワーをもらい、生まれ変われるような気持ちになれたのです。元気がないときほど季節を先取りして、「さぁ、次」と、気持ちを切り替えていくのもテンションが上がります。

no. 38 ボトムから季節を先取りする

販売員をしていた頃、店頭でボトムが動き出すと「季節が変わりはじめたな」と実感していました。

2月の節分の日を境に、少し春を感じはじめたら、コートはそのままでもボトムだけチェンジします。白または、明るいベージュのものに変えるだけで、コートの中でも梅春《うめはる》（冬と春の中間）を感じます。

また、ポリエステルなどの「とろみ素材」のボトムなら歩くたびにゆれるので、ぐっと軽やかになります。人はゆれるものに目がいく本能がありますので、コートの中でも目を引く効果があります。

晩夏を感じはじめる9月頃には、ボトムに薄手のウール素材のダークな色をチョイスして、タイツやブーツと合わせ、足もとから秋を取り入れていきます。

no. 39 スタイリッシュなサングラスはマスト

紫外線から目を守るサングラスは、夏の必須アイテムです。機能性だけでなく、美しいフォルムのものを妥協せず選びたいですね。

フランスでは、普段はブランド品を買わない女性もサングラスだけは妥協せず、ちょっとよいものを選ぶと言われています。小さい面積ですが、他者に大きな印象を与えるからです。

まずは、自分の眉の形に合うものを、何度も試着しながら選びます。眉毛とフレームのカーブをそろえ、顔の形と相性のよいものを探します。フレームで顔の下半分が引き締まって見えるものが理想的です。

また、他者からの客観的なアドバイスも参考にしましょう。自分ひとりで判断せず、友人や店員さんと相談しながら選ぶことも大事なのです。

no. 40 派手すぎる靴は履かない

靴は、乗り物のようなものです。派手すぎる靴は、派手すぎる車に乗っているみたいなものかもしれません。あなたが運転していて、デコラティブで目立つ色の車が横や後ろに来ると、ちょっと不安になりませんか？

派手すぎる主張のある靴は個性を発揮してくれますが、初対面で人を遠ざけてしまう可能性もあるので要注意です。靴はあなたの相棒だと思って安心、信頼できるものを選びましょう。

究極を申し上げるなら、自分の足に合ったシンプルな黒のパンプスを一足持っているだけで、十分にエレガントです。

ある女性は、そのとき流行しているかっこいい黒のパンプスを年中愛用していました。シンプルなパンプスでも、つま先の形やヒールの形など、やはり流行があります。

仕事のときは、その黒の靴だけを履いて履いて、履き尽くして1年経ったら捨てて、また新しい黒のパンプスを買うことを繰り返していました。靴の色はボトムの色と同じにすると脚がキレイに見えるからと、ボトムも決まって黒でした。

すてきな相棒の選び方だと思いました。目立たない黒は、仕立てがいいから目立たないのであって、甲のデザインや素材、カッティングなど、どこか1か所でもアンバランスだと美しくないのです。

シンプルなものこそ質もデザインも完璧で技術が詰まった1足です。

それこそ最強ではないでしょうか。

Column

すてきなフラットシューズは運命を変える

以前は「ヒールがない靴はオンナ磨きを怠惰にしている証拠」「スニーカーは運動するとき以外は履かない」と言っていた私も、昨今のフラットシューズブーム、スニーカーブームの中、「やっぱりラクでいい。快適」と、年を重ねるにつれて思うようになりました。

人生の後半は、山登りで言えば下りにあたります。山登りをする方はご存じだと思いますが、上りは体力勝負で、下りは体力より頭を使います。一歩ずつ踏みしめる足の置き場所が肝心です。

より確実な一歩を踏みしめないと、下りは危険だと感じるようになったのです。リスクの高い一歩には足を出さない、そして、安定した足元でなければ下山できません。遭難してしまいます。

そこで頼りになるのが、フラットシューズを愛する暮らしです。

ヒールで底上げしない等身大で踏み出す一歩は、フラットな気持ちでいる大切さを教えてくれます。

身長１５８㎝の私は、５㎝くらいのヒールがないと全体のバランスが美しくないと思っていました。けれど上半身をコンパクトにして、服のウエスト位置をやや上にすれば解決すると気づきました。特に上着のボタンやベルトの位置は大事です。下すぎると足が短く見えます。

すてきなフラットシューズを履けば、適度なカジュアルさもプラスできて、洗練された着こなしができると気づきました。

特にお気に入りなのが、パリ在住の中村江里子さんご愛用の「シャテル」。脚を細く、長く見せるように計算されたカッティングが特徴で、石畳の多いパリの街を歩くときの足の負担を軽くすべく、専門家とともにつくられた逸品です。

初めて試し履きをしたとき、その履き心地のよさに感動しました。今まで履いた、どの靴よりも履きやすい。レベルの違う快適さにすっかり虜《とりこ》になってしまったのです。

デザインは、タッセルチャームがアクセントになっていて、このチャームは20種類以上から好きな色を選んでカスタマイズしてオーダーできます。自分だけのオリジナルがつくれるのも、愛着がわく秘密です。

歩きづらい靴、足に合わない靴は、健康を害するだけでなく行動も制限するので、運命も変わるとさえ思っています。走れるくらい、運動できるくらいの快適さが必要です。運動とは、「運が動く」と書くので、運を動かしていくための重要なアイテムは靴なのです。

また、フラットシューズばかりで、ふくらはぎの筋力が衰えてきたと感じたら、家で履くスリッパをヒールのあるものにして、緊張感を与えています。

足もとは、人生を動かしていく大切なところ。快適でありながら品格があり、力強い一歩がいつでも踏み出せるような、そんな靴とともに生きていきたいです。

no. 41 たまには身にまといたい優雅なアイテム3選

「タイトスカート」

タイトスカートを美しくはいている人の所作は、優雅に見えます。

理想のタイトスカートは腰まではぴったりとフィットしていて、ヒップから下は比較的ゆるやかなシルエットですが、この美しさを活かすのは歩き方です。タイトスカートをはいて歩くときは、いつもより歩幅が小さくなるので、同じ歩幅で歩く習慣が身につきます。

ある有名なファッションデザイナーは、「女性の衣服の中でもっとも大切なのはタイトスカートである」と言いました。

まずは、タイトスカートで美しく歩くことを意識してみませんか。

［シルクのキャミソール］

「ラペルラ」などのインポートの高級シルクを身につけると、肌が上質になったように感じられます。美しいレースがあしらわれたキャミソールを部屋着にしている女性は、「これを着ているときは、お姫さま気分になれる」と言いました。

ヨーロッパのキャミソールは、女性がより女性らしくいられることを意識してつくられていると思いますが、メイドインジャパンの「アロマティック」のものも美しいレース使いが特徴で、気分が上がります。

毎日でなくとも、疲れた日や自分を労《いたわ》ってあげたい日に身につけると、くつろぐ時間の所作まで優雅に変えてくれます。

［浴衣］

最近、夏の花火大会など、浴衣で出かける女性を多く見かけるようになりました。

浴衣を着ると、改めて女性らしい所作を学ぶいい機会になります。階段の上り下りやお手洗い、食事のシーンなど、裾さばきや袂《たもと》（そで）を持つ仕草にも女性らしさが漂うようになります。

タクシーの乗り降りの所作が美しいある女性は、普段から着物を着る機会が多く、「エレガントな所作は着物で学んだ」とのことでした。

いつも同じ格好ばかりしていては、なかなかエレガントな所作は身につきません。たまには、少し背伸びをしたアイテムから、女性らしい優雅な立ち振る舞いを学んでみませんか？

no. 42

旅行時の荷物を減らすための必需品

［ブラトップ（カップ付きインナー）］

カップ付きインナーは、下着とインナーを別々に持たなくていいのでかさばらず、荷物を減らせます。

吸湿性のある素材、わきの汗とりパット付きを選べば、大切な洋服に汗ジミがつくのも防いでくれます。

「ユニクロ」や「無印良品」のものは、素材が優秀で活躍してくれますし、もっとバストの補正力を求めるなら、「ワコール」や「ウイング」、「ピーチジョン」などのランジェリーメーカーから、自分の体形にあったものを選びます。

快適さと美しさを兼ね備えたものを数枚持っておくと便利です。

［ミニコスメ、化粧品のサンプル］

いつも使っている化粧品のミニサイズやサンプルを用意しておきます。詰め替えの手間が省けますし、ポーチもコンパクトサイズで十分なので、荷物が小さくなります。

［シルクのスカーフ］

シルク素材（天然シルク）は通気性もありながら、かさばらず冷房対策にもなる優秀な素材です。また、首やバッグに巻いたりして、コーディネートの変化を楽しめます。

柄物と無地、2枚用意しておくと、着こなしの幅も広がります。

柄物でちょっと派手めを選ぶなら、もう1枚の無地は洋服と同系色を選びます。洋服と反対の色の無地を選ぶなら、もう1枚の柄物はシックなものを選ぶとバリエーションが広がります。

［スーツケース、バッグ］

大は小を兼ねるからと、スーツケースは大きいものを選びがちですが、国内旅行なら軽量でコンパクトなサイズを選びましょう。

旅の日数や行き先に合ったものを持っていきたいと、スーツケースはレンタル派の人も増えました。小さいものでは心配な方は、お土産が増えたときのためにサブバッグを入れておけば安心です。

荷物を軽くしてフットワークも軽く、自由度の高い旅を楽しみましょう。

no. 43 ルームウェアは自分へのご褒美

お洒落な人はルームウェアにも手を抜きません。ルームウェアの新調は、気分が上がります。ワンランクアップの肌触りのよいものを選ぶと気持ちまでワンランクアップして、自己肯定感が高まるのです。

肌に直接触れるものを上質にすると、自分のことを大切に感じられます。すてきなルームウェアでくつろぐ時間は、1日がんばった自分へのご褒美ですね。

「今日もお疲れさま」と、すてきなルームウェアで自分を労《いたわ》ってあげてください。

ホームウェアの専門ブランドの「スナイデルホーム」「プライベート・スプーンズ・クラブ」などで、とっておきの1着を選びませんか。

no. 44

おうち時間はスリッパにこだわる

おうち時間が長くなり、スリッパは、これまでよりも大切なアイテムとなりました。夏でも足もとだけは冷やしたくないものです。ムートンのスリッパやルームシューズは、第二の心臓と言われている足の裏が喜ぶアイテムです。

快適な履き心地は、気分を上げてくれます。「アグ」のものはシープスキンのふかふかの肌触りが癖になります。また、「ザラ ホーム」にはフェイクファーやサテン、リネンのものがたくさんそろっています。

リラックスしたい日常にそっと寄り添ってくれるような癒やしの一足と過ごしましょう。

no. 45 素肌より美しい脚をかなえる

「洋服を美しく着こなすには、やはり脚が美しくなくては」と言った人がいます。

確かに下半身がすっきりとシャープだと、全体が美しく見えます。スカートのときのストッキング選びは、自分の脚をよりシャープに見せてくれることが重要です。

特に夏は機能性も大事です。サラサラと快適で締めつけず、色も絶妙なものに出会うと手放せなくなります。リーズナブルで強度のあるアイテムはたくさんありますが、足が締めつけられ、不快に感じるものはつらくなってしまいます。

快適さと同時に、美しい脚を手に入れるつもりでストッキングを妥協なく選んでみると、満足度が違います。百貨店などの靴下売り場で、素肌よりも美しい1枚を見つけてみてください。毎日は無理でも、とっておきの日は美しいストッキングが美しい着こなしを完成させてくれます。

no. 46 メンテナンスグッズをそろえる

［コンパクトなスチームアイロン］

コーディネートが完璧でもシワのついた洋服を着ているだけで、何だかだらしなく見えます。ハンガーにかけたまま、蒸気をあててシワを取るスチームアイロンは、シワだけでなく臭いも取ってくれます。「パナソニック」のものは、コンパクトでスタイリッシュなデザインが気に入っています。

［服の型崩れを防ぐハンガー］

ハンガーを変えるだけで、クローゼットがランクアップします。

クローゼットの中は、同じハンガーでそろえるほうが見た目も美しく、スペースのムダがなくなります。ハンガーは服がずり落ちず、コンパクトなものが理想的。ドイツ製の「マワハンガー」はシンプルで使いやすくオススメです。

［木製のシューツリー］

靴の型崩れを防ぎ、湿気や臭いも取ってくれるシューツリー（シューキーパー）は必需品です。木製のものは防虫、消臭効果があるのでプラスチック製よりオススメです。

レッドシダー素材のものは欧米で昔から使われていますが、「無印良品」のものは使いやすくリーズナブルです。

Tips

体形に合った完璧なシルエットを描く「ドルガバ」のGジャン

—買ってよかった私の人生の相棒たち—

ふと覗いた「ドルチェ＆ガッバーナ」の店頭でのことでした。店員さんがハンガーにかかったGジャンと電話の受話器を持って、私の前を通り過ぎていったのです。その瞬間、「あっ」と声が出るくらい、その美しさに釘付けになりました。

きゅっと絞ったウエストのライン、前下がりの腰周りのカーブは間違いなく、スタイルをよく見せてくれる服だとわかります。

華やかな花柄模様のシルクの裏地、少しダメージ加工が施されたポケットのデザインがなんとも垢抜けたアクセントになっていて、まさに一目惚れでした。

「すみません、それ、お取り置きですか？」。私は、思わず、店員さんを追いかけて声を掛けました。「いえ、今、取り置きが外れました」と聞いた瞬間、私は、「買います」と言っていました。

あとから、「Ｇジャンにしてはいい値段だな」と思いましたが、こんな出会いはそうそうあるものではありません。どうしても、私のワードローブに加えたかったのです。

見れば見るほど、襟の形や袖の長さ、後ろ身頃の切り替えなど、うっとりするほど芸術的でした。

またＧジャンは流行に関係なく、いつの時代も登場するアイテムで、どんなコーデにも合い、真夏以外3シーズン着られるのも魅力です。

「ドルガバ」のデザインのインスピレーションは、「シチリアの強い女」にあると言われています。軽やかでシンプルなデザインのベースに、力強くシャープで洗練された匂いがします。この1枚を羽織るだけで、体のラインだけでなく、顔のラインもシャープに見えて、洗練された雰囲気をつくり出してくれるのです。

このＧジャンは、30代から40代にかけて、一番着た服かもしれません。

どこに着ていっても、誰に会っても、必ず褒められました。

百貨店のロッカーで知らない人に、「どこのですか？」と聞かれたときもありました。まさにパワーウェアです。服としての完成度が高く、今でも捨てられません。サイズやパターンが私には合っているので、仕立てに定評のある店に持ち込んで、「これと同じ型でつくってください」とブルゾンをオーダーしたこともあります。

自分の体形にもっとも合うジャケットやブルゾン、スカートやパンツとの出会いがあると、流行に関係なく、その型と同じものをオーダーメイドのお店でいつでもつくってもらえます。ですから、「これ」というマイ定番を見つけたら、手放さないことです。

とっておきの1枚は自信をくれます。

このGジャンは、いつかロングドレスに合わせて、こなれたカジュアルダウンでかっこよく着こなすシーンを想像して楽しんでいます。

これまでの甘辛ミックスコーデの思い出とともに、さらっと羽織れる日が来るといいなと思っています。

Chapter 3

品格ある「美しさ」は
小さなひと手間で生まれる

はく製のような美しさはいらない

「まずい。盛らなくては……（笑）」

40歳を過ぎた頃から、衰えていく部分をなんとかごまかしたい思いが強くなりました。へこんだ部分を補い、足していくことでキレイをキープしたいと、いろいろ試しました。ツヤのない爪にはジェルネイル、たるんできた目元にはまつげエクステと、足していくのにお金もエネルギーも使うようになったのです。

けれど、50歳を過ぎてくると、足すより引くほうが、真の美しさにたどり着くような気がしました。

気づくきっかけはテレビ出演でした。

その日、私はまつげエクステを増量してバッチリつけ、リップも濃く、ファンデーションも厚めに塗りました。

テレビはライトが強いので、少しくらい濃く、盛ったほうがキレイに映ると信じていたのです。しかし、その自分の姿を画面で見て大きな違和感を覚えました。話の内容がまるで入ってきません。つくり込んだものは不自然なので、そこばかりに目が行ってしまいます。

花壇の中に、一輪だけ造花が咲いているような違和感でした。

見ていただいている方に申し訳ない……。

そのテレビ出演の目的は、小さなバッグを持って身軽になる幸せや、大きなバッグから小さなバッグに変える具体的な方法を視聴者の方にお伝えすることだったはずが、「キレイに映りたい」という私の思いが先に見えてしまっていたのです。

人はまず、目から入る要素が印象を決めます。言葉が入ってくるのはその後です。

そのとき、厚くしていくものは、見た目より「中身」だったなと思ったのです。

昔から、動物のはく製をなんだか怖いと感じていましたが、見た目がどんなに美しい毛並みでも中身のないものからは、美のエネルギーが伝わってこないのです。

それからは、ファンデーションをやめ、代わりにちょっとリッチな日焼け止めをつけるようになりました。「シャネル」の「サブリマージュ ラ プロテクシオン」は、高い日焼け止め効果がありながら、乾燥も防ぎ、ツヤも足してくれます。大人の素肌は乾かないことツヤが大事ですから、多少高くても手放せなくなりました。

また、本来持っているものを大事にすると、自分を慈しむこともできると気づきました。そこで地まつげを育てるために、「アンファー」のまつ毛美容液を毎日塗っています。

今の私は外見はシンプルに、そして話す言葉こそゆたかにしたいと思っています。経験から出てくる、その人らしい言葉は生き様を表し、人の心の奥まで届きます。

心の奥まで届けるには、引き算された清潔感のあるシンプルな外見であること。目が生き生きと躍動していること。そして、思いやりで練られた言葉を発する微笑みをたたえた口元であることが理想です。

引き算することで、表情や体全体から、その人が内蔵しているツヤや温度を感じられるのではないでしょうか。

本当に美しい人とは、どこか突出して目につく部分はなく、すべてがなめらかで、優しく包まれているような雰囲気があるのです。

no. 47 見えないところを磨く

会った瞬間からなぜか惹かれる人は、内面から魅力がにじみ出ています。そういう人は、他人が見ている見ていないにかかわらず、自分を磨く小さなクロスのようなものを持っています。

心が「汚れたな」「曇ったな」と感じたら、さっと磨きます。時間が経てば、その汚れはしみついてしまうと知っているからです。このひと手間を面倒がらずにやれることが「品格」を育みます。

毎日を丁寧に生きるとは、心に小さなクロスを持ち続けることかもしれません。

人から見えないところを美しく整えるのは、内面の美しさを育むレッスンになります。内側から清潔感があふれてくるからです。

シワのない洋服やハンカチ、よく磨かれた靴、美しく整えられた爪など、隅々まで手入れが行き届いているのはもちろんですが、見えない部分のメンテナンスまで意識を向けている人は静かな輝きに満ちています。バッグの中やデスクの引き出しの中だけでなく、足の裏や歯の裏まで美しくメンテナンスしています。

今は「風の時代」と言われますが、風は目には見えないもの。

真に美しい人ほど、「優しさ」や「思いやり」など、目に見えないものを大切にします。そこにいかに心を寄せられるかが、「風の時代」の品格を左右するのかもしれません。

no. 48 バスタイムを「＋ワンリッチ」にする方法

［ボディミルク＋ボディパウダー］

朝、シャワーを浴びて、寝ている間の汗や皮脂の汚れを洗い流します。その後、全身にたっぷりとボディミルクを塗ります。

「＋ワンリッチ」は、ボディパウダー。汗のべたつきを抑え、肌がツルツル、さらさらとした感触になるだけでなく、肌を明るく見せてくれたり、デオドラント効果、UVカット効果が期待できるものもあります。

「クリスチャン・ディオール」の「ミスディオール　ブルーミングボディパウダー」は朝から優雅な気分に浸れます。

［湯船につかる＋バスボム］

忙しい日や暑い日は夜もシャワーだけで済ませてしまいたくなりますが、10分間でもいいので、なるべく湯船につかります。汗が出るまでじっくりつかると、べたべたした汗が出て体臭予防になるそうです。

「＋ワンリッチ」は、お気に入りの香りのバスボムを1個、毎日入れること。

私の最近のお気に入りは、表参道の「ネハン トウキョウ」のアートボムです。くまの形をしたフォルムは、バスルームに並べておくだけで癒やされます。

私の友人は、「ラッシュ」というイギリスのメーカーを愛用していました。1年以上毎日入れていたら、香水をつけなくても、ほんのり全身からその香りが漂うと教えてくれました。

気分に合わせていろいろと使い分けるのも楽しいですが、お気に入りのものが見つかったら浮気せず、ずっと使い続けると、その人の第一印象の香りとなって記憶に残ります。

［頭皮シャンプー＋炭酸水］

年齢とともに気になる加齢臭は、後頭部や首の後ろから臭うとも言われていますから、定期的に頭皮用のシャンプーで、しっかり洗います。

「＋ワンリッチ」は、汚れを落としやすい炭酸水。毎回でなくとも、汗が気になる季節には、シャンプー前に炭酸水で髪の予洗いをしています。耳の後ろや襟足も忘れずにしっかりと洗います。

今は、ウォーターサーバーで炭酸水がつくれるものや、水道水から炭酸水をつくれる炭酸水メーカー（ソーダマシン）もたくさん出ているので、これらを活用すると手軽にできて便利です。

no.49

歯磨きタイムで表情筋をやわらかくする

やわらかい表情は相手にゆとりやゆたかさを感じさせ、安心感と親近感を与えます。

何かに悩んでいるときは、顔の表情が硬くなっています。そんなときは表情筋を動かしましょう。

朝やランチ後の歯磨きタイムに、鏡の前で「ア・イ・ウ・エ・オ」と大きな口を開いてみてください。日本語は母音をはっきり発音すると、聞き取りやすくなりますし、大きく口を開くと表情筋もやわらかくなります。

これは、接客業をしていたときからの習慣で、今でも講師として人前で話すときやリモート会議の前には、念入りに行っています。

no.
50

歯のメンテナンスは必須

一生付き合っていく歯は、愛されるお金持ちのお客さまがもっともお金をかけメンテナンスするパーツです。歯を美しくするための歯ブラシは常に清潔感を保つため、ブラシの先が少し広がってきたなと感じたら、すぐに取り替えます。

私は、小さい頃から虫歯が少ない歯質なので、長い間、歯科医院に通ってきませんでした。ですが、症状がなくともメンテナンスに行くものだとお客さまに教えられ、信頼できる歯医者さんを見つけて通っています。

また、笑ったときに見える歯が白くて美しければ、笑顔はより輝きます。歯間ブラシやデンタルフロス、舌ブラシなどのデンタルグッズは人生の必須アイテムです。

私は「パナソニック」の「ジェットウォッシャー ドルツ」を使っていて、歯ブラシで取れない汚れも落としてくれるのでスッキリします。

no. 51

通勤時間で簡単シェイプアップ

なかなか運動する時間がない方にオススメなのが、通勤時間を利用してのシェイプアップです。

バスや電車でつり革につかまってのつま先立ち、駅ではエレベーターではなく階段を使うなど、常にヒップや脚に意識を向けます。これは美意識が高いお客さまに教えていただいた、美しいヒップと美脚をつくるコツです。

私は、これを実践するようになってから下半身の軸がぶれなくなり、できなかったヨガのポーズができるようになりました。

継続は力なり。

まずは3か月、続けてみませんか。

no. 52 美しい人は姿勢がいい

3メートル先から見て美人だなと思う人は姿勢のいい人です。姿勢がいい人は若々しく溌剌《はつらつ》と見えます。

人は正面からだけでなく、全方向から見られていますので、姿勢を意識することが美人への近道です。細かいパーツより、全体のシルエットが重要です。パソコンに向かったり、スマートフォンを見ることの多い毎日は、どうしても猫背になりがちです。どんな美人でも姿勢が悪いと、残念な印象になってしまいます。

両側の肩甲骨を中心に寄せる意識で背筋を伸ばしましょう。背筋を伸ばして立つときはかかとをつけ、つま先を11時5分のときの時計の針の位置に開きます。内側に重心を心掛けると姿勢がよく、体幹が鍛えられます。体幹を鍛えると、体全体のシルエットが変わります。

no. 53 朝は10分、ひとつのことを丁寧にやる

バタバタしがちな朝の時間にこそ、たった10分だけでいいので早起きをして、少し丁寧な時間を過ごすと、表情もやわらかく過ごせます。

たまには、

「ガリガリと豆から挽《ひ》いたコーヒーをいただく」

「朝の新鮮な空気の中で、ただ目を閉じて、呼吸だけに集中してみる」

「ブラッシングや頭皮のマッサージを念入りにやってみる」

「花を生けたり観葉植物の手入れをする」

など、エネルギーがわいてくるような丁寧な過ごし方を工夫してみませんか。

no. *54*

寝る前のたった10分の美活時間を大事にする

寝る前はたった10分でいいので、気持ちを整え自分を十分に労わってあげる「美活時間」をつくります。

顔のシートパックをしたり、セルフマッサージをしたり。「よくがんばったね」という気持ちを込めて、自分を大事にしてあげると、他者をも大事にできるベースができていきます。

「シャネル」や「クレ・ド・ポー ボーテ」などのちょっとリッチなコットンを使って、丁寧に化粧水のパッティングするのもオススメです。いつもの化粧水がなんだかリッチに感じられ、肌も心もやわらかくなったような気がします。また、お香を焚きながらストレッチすると、硬くなった脳までやわらかくストレッチできるように感じます。

明日の仕事への集中力を高めたり、円滑な人間関係のためにも、寝る前の10分は自分の心が一番喜ぶことをしてあげましょう。

no. 55

季節によって香りを変える

季節によって空気感が変わるので、心地よいと感じる香りも変わるのではないでしょうか。季節が変わりはじめたら、先取りするようにルームフレグランスの香りを変えると、季節の変わり目の不安定さを払拭でき、心も華やぎます。

香りは脳にダイレクトに働きかけますから、一瞬で気分が変わり、不安な気持ちを優しく包んでくれます。香りを先取りしながら、ゆっくりと季節を移動していきましょう。

他にも季節の変わり目には、五感を総動員します。季節の花を飾り、旬の食材を目や舌で楽しみ、気温の変化に合わせて衣類の触感を変えます。心に寄り添ってくれる音楽に耳を傾けると、さらにゆたかな気持ちになります。

no. 56

化粧室で下着チェックはマスト

化粧室では、化粧直しだけでなく、「下着直し」もマストにします。下着が正しい位置につけられているかを必ずチェックするのです。バストやヒップの位置を確認し、補正するひと手間でスタイルアップをします。このひと手間が、スタイル美人への習慣です。

no. 57 デスク周りに鏡を置く

在宅ワークが増えました。他者の目を意識しないのはラクですが、他者は自分を映す鏡なので、自分の姿を客観的に見られなくなってしまう恐れがあります。

1日中、眉間にシワを寄せてパソコンに向かっていませんか？ フェイスラインや口角が下がり続けていませんか？ デスク周りに鏡を置いて、1日3回は、第三者の目で客観的にチェックしましょう。

私は化粧をせずに、髪もボサボサのまま3日間過ごしたとき、「3歳老けた」と思いました（笑）。「サボればサビる」といった女優さんもいます。デスク周りに鏡を置き、サビることのないよう気をひきしめましょう。

no. 58

1分で気持ちを切り替え、5分で笑顔になる

［1分で気持ちを切り替える］

肌に直接アロマオイルを塗れる「ロールオンアロマ」というアイテムが手軽でオススメです。香水をつけるような感覚でサッとひと塗りするだけで、香りが楽しめるので、気分が一新します。サイズの小さいものは携帯に便利なので、どこでも一瞬の癒やしタイムを楽しめます。忙しくてイライラしているときほど効きます。指と指の間や耳の裏などをマッサージしながら塗るとスッキリ。

私が日中、持ち歩いている今のお気に入りは、オーガニックコスメの「シゲタ」のものですが、「ニールズヤード」の「アロマパルスナイトタイム」は寝る前に神経が高ぶっているときに気持ちをゆるませてくれます。

用途に合わせて、お気に入りの香りを探してみてくださいね。なお、使用の際は、パッチテストを忘れずに。

［5分で笑顔になれる］

スマートフォンに入っている愛するペットやアイドルの写真、お気に入りの音楽などに5分間、どっぷり浸るのはいかがでしょうか？

現実をしばし忘れて、空想の世界で自由になりましょう。

毎日、職場と家の往復が続く日は、海外の旅行動画やあこがれのブランドの写真集を観るのも、気分転換になります。

本当に好きなことだけを考える5分間は、驚くほどポジティブなあなたへと生まれ変わらせます。

no. 59

すてきな大人は3つのブラシを持つ

［メイクブラシ］

アイシャドーやチークを塗るとき、あらかじめ化粧品に付いている付属品のチップやブラシを使っている方は多いのではないでしょうか？

しかし、メイクブラシが上質だと、ふわっと肌に乗せられて、メイクが上達したように感じます。コンビニコスメやプチプラコスメでも、ブラシ次第で出来映えが変わるのです。

友人に勧められて初めて買った「シャネル」のチークブラシは、驚くほどやさしい手触りで、モチベーションも上がります。

たった1本のチークブラシだけでもいいので、上質な道具をそろえると、化粧をする時間が上質に変わります。

［ヘアブラシ］

髪のゆたかさは若さの象徴であり、顔の表情もゆたかになります。美しいツヤ髪の女性は、ブラッシングを習慣にしています。

しっとりとした光を感じるゆたかなツヤ髪は、ブラッシングでつくられると言われていますので、ヘアブラシは重要です。

ヘアブラシにはいろいろな種類があります。頭皮を刺激するものや、静電気を防ぐものなど、それぞれ用途や期待できる効果が違いますので、いくつかの種類を試しながら使ってみてはいかがでしょうか。

猪のブラシで丁寧にブラッシングする習慣をつけると、髪にも心にもツヤが生まれます。

［スーツブラシ］

スーツブラシは男性のスーツに使用するイメージがありますが、女性も身だしなみを整える習慣として用意しておくと、大切な洋服ときちんと向き合えます。

ジャケットやコートなど長く愛用したい洋服のホコリや汚れを落とし、長持ちさせてくれます。馬毛のブラシはやわらかく素材を選ばないので、ウールだけでなくカシミヤにも使用できます。

また、スーツブラシは玄関に備えておくと、帰宅してすぐにサッと汚れを落とせます。

「たかが道具、されど道具」。道具はモチベーションも結果も大きく左右するものなのです。

キレイを育む道具をそろえて、ツヤのある未来に変えましょう。

no. 60

身だしなみアップの4つの神器

①インナーソックス

暑い季節は、ストッキングなしで素足にパンプス、または素足にサンダルの方も多いと思います。しかし、どなたかのお宅へ訪問する場合、はだしでお宅にあがるのは失礼です。また、宴席でも、靴を脱いであがるシーンは少なくありません。

いざというときに備えて、バッグにソックスを忍ばせておきましょう。インナーソックスなら、コンパクトで持ち歩くのに便利です。防臭効果のあるものやパンプスを履いた際に見えないものを選びます。

②ハンカチ

どんなに完璧に身だしなみを整えていても、クチャクチャのハンカチを出されると、「残念な人」という印象しか残らなくなってしまいます。

汗をかく夏はハンカチを人前で出すことも多いので、美しいものを用意しておきたいですね。セール時に美しいものに出会うと、思わず買ってしまいます。

形状記憶のものは、アイロンも不要ですから便利です。手を拭くものと顔を拭くもの、2枚持っておくと安心です。銀座「和光」のハンカチ売り場は息をのむような美しいラインナップで、目の保養になります。

③時計

スマートフォンで時間を確認する人も多くなっていますが、ビジネスシーンでは、商談の途中に携帯電話をチェックしていると、「プライベートなことを確認しているのではないか？」と思われがちですので、注意が必要です。

夏はノージャケットで手首が見える服装も多くなりますから、大事な場面ではビジネスにふさわしい美しい時計を身につけましょう。

④懐紙

少し上級にはなりますが、和食を食べる際に活躍する「懐紙《かいし》」は、たしなみのある大人ならではの持ち物です。手を汚さないように懐紙で料理を押さえたり、魚の骨を口から出すときに口元を押さえたりといった使い方をするだけでなく、メモの代用としても使えます。大事な会食の場面ではバッグの中に入れておくと、いざというときに役立ちます。

懐紙は文具を扱う「伊東屋」などの和紙コーナーにありますが、和紙などの専門店「鳩居堂《きゅうきょどう》」には、柄入りなど、すてきなものがそろっています。

Tips

人生を動かしてくれる「フェンディ」のレインブーツ

—買ってよかった私の人生の相棒たち—

「雨かぁ……」

朝、カーテンを開けて雨が降っていると、いつも憂鬱な気持ちになりました。コーディネートを靴から選んでいる私は、「どうしようかな」と考え込んでしまいます。

そんな日の救世主に出会いました。「フェンディ」のレインブーツ。それまで、レインブーツのイメージは「長靴」で、「スマートではない」と洋服のコーデを壊してしまうように感じていたのですが、それを一新させてくれました。とにかくシルエットが美しく、ひざから下が長く見えます。3㎝のヒールで、つま先のラインのシャープさがスタイリッシュ。フェンディのFを組み合わせたズッカ柄で、どんな洋服にも合う優秀なオールラウンドプレイヤーです。

この一足で、私の行動力は3倍になり、雨の日でも外出を躊躇《ちゅうちょ》せず、バリバリ出かけられるようになりました。むしろ、履くのが楽しみになったのです。

「すてきな靴は、あなたをすてきな場所まで連れていってくれる」というフランスのことわざがありますが、まさにそれを実感しました。履くのが楽しみな靴は、前に向かう行動力を加速し、思ってもみなかった遠くまで行けるので、人生を動かしてくれます。

動くことでしか、人生のモチベーションは上がらないのだと、このブーツは教えてくれたのです。

梅雨の時期だけでなく、秋の長雨や春に向かう3月など、1年を通して一番出番の多いこのブーツは、今も私の人生の相棒です。

昨今はオフィスでも履けるレイン用のパンプスやローファーもすてきなものがそろっていますので、気分の上がる一足を選んでみてはいかがでしょうか。

人生には雨がつきもの。雨から守ってくれる相棒が必要なのです。

Chapter 4

お金に振り回されない「シンプル」な考え方

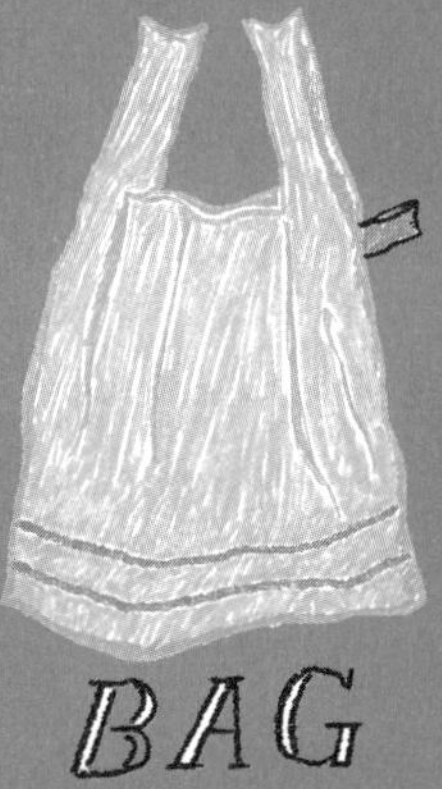

必要以上に「損をしたくない」と思わなければお金から解放される

「こっちのほうが安い」

いつもの愛用品を買いに出かけたはずなのに、少し安い商品に「お得感」を感じて、思わず買ってしまうことってありませんか？

特にお金への不安があると、そうなりがちです。

けれど、使いはじめてみるとそれの使用感は値段相応にイマイチで、「少し安いだけで、なぜ、これを買ってしまったのだろう」と、後悔するのです。

お得どころか、途中で使わなくなってしまい、また定番を買い直すハメになります。

「安物買いの銭失い」とは、まさにこれです。

心理的には、お金に対する不安はみんな大きいのです。不安とは、「漠然としたもの」で、ハッキリとしていないはずです。

けれど、このモヤモヤした正体のはっきりしないものから逃れたくて余計に執着するのです。お金への執着のスイッチは、「損をしたくない」という気持ちを持った瞬間に入るのかもしれません。

もちろん、誰もが積極的に損はしたくないと思いますが、「損をしたくない」という強い執着を捨てると、お金に縛られず、気持ちが自由になれる気がします。

お金をどんどん使うわけではなく、必要以上に得をしようとも思わないので、いつも堅実な選択ができますし、心穏やかでいられるのではないでしょうか。

もちろん、あり余るほどたくさんあれば自由になれますが、そうはいかない場合、感情的には自由でいたいです。

「金は天下の回りもの」ですから、必要以上に執着したり、くよくよと思い悩む時間はムダかもしれません。執着しすぎると、お金というエネルギーが循環せず、たまった水のように濁っていき、足もとをすくわれることがあります。

損得に固執せずに、本当にゆたかになれるお金の使い方をしたいものです。

no. *61*

人とのきずなが財産になる時代

「こんな1年にしよう」。年始にはいつも誓いを立てるのが小さい頃からの恒例行事でしたが、昨今は、明日のことさえまったくわからない時代になりました。

なので、最近は朝起きると、「ま、今日1日のことだけでいいや」と、シンプルに考えるようになりました。こうするようになってからは、あれこれと余計なことまで考えすぎて悩むことがなくなったように思います。

人と比べず、欲や見栄を捨てて、できること、与えられた仕事を一生懸命やって、1日が終わる。

そんな毎日を積み重ねていくと、心地よい自分ができていきます。

欲が過剰にあると、本来の自分から離れて無理をしてしまいます。自分の中で損得勘定が生まれるからです。そうなると損得勘定で人と付き合うようにもなります。

けれど、それで人と付き合っていると、裏切られたり利用されたり、孤独になっていきます。孤独だと、ものやお金や地位に執着したくなって、自分の首を絞めることになります。「この人といると得だから」と見え透いたお世辞を言ったり、自分とは違う価値観に「そうですね」と合わせて、自分の心の財産がすり減っていきます。

私の考える財産とは、自分の「好き」を大切にする素直な気持ちや、心地よいと感じるものに誠実な「本当の自分」です。

人生で何が財産と感じるかは人それぞれですが、「自分にとって心地よい人とのきずな」が、これからの時代の財産ではないでしょうか？

損得勘定を捨てて、「心地よい」と感じる人たちだけと付き合っていけば、相手に親切にしたくなる心の余白が持てるので、結果、相手からも親切にしてもらえます。

そして、「ありがとう」と感謝できる人生になるのです。

「風の時代」になったと言われ、物質的なものより精神的なものに、価値を見出すときがやってきました。

あたたかなきずなのあるよきご縁を、何よりの財産にしたいものです。

no. 62

お金は「いってらっしゃい」と気持ちよく送り出す

お金を使うときは、気持ちよく使います。「あーあ、使ってしまった」「ムダ使いした」というネガティブな気持ちで使うと、心がどんどんすり減っていく気がします。

愛されるお金持ちのお客さまは、お金の使い方がキレイでした。感謝しながらものを買うのです。お金はただの紙ではなくエネルギーですから、プラスのエネルギーとして送り出します。エネルギーは循環しているものなので、自分から気持ちよく送り出すことで、また返ってくるのです。

お金は、自分が社会に役立つことで得た報酬です。お役に立てた感謝を込めて、「ありがとう」「いってらっしゃい」と気持ちよく送り出します。

no. 63

ギフトは迷ったら高いほうを選ぶ

愛されるお金持ちのお客さまは、お世話になった人へのギフトをよくお買い求めになりました。そして、いつも迷った場合は高いほうを選びます。もちろん、高ければいいわけではありませんが、ケチらないということです。自分への買い物には堅実なのですが、お世話になった方へのギフトの品はケチりません。

「この金額を出すのは、もったいない」と思った瞬間に、そのギフトの価値はなくなる気がします。

「こっちのほうが間違いなく喜んでくれる」と思ったら、迷わずそちらを選びます。

マインドがゆたかになるお金の使い方をするのです。

no. 64

「美しい空間」にお金を使う

もし自由に使える予算があったら、人目につきやすい服やバッグに投資したいのが普通の感覚ではないでしょうか。

ですが、お金に愛される人は、「場所の力」が脳と心に与える影響は大きいと考えています。ものよりも、美しい空間にお金を使うのです。

季節の美しい花や座り心地のよい椅子など、毎日、自分の身を置く空間のために、より多く投資するのです。

人生の3分の1を過ごすベッドや、玄関に飾られた絵画、香りなどにも投資します。

普段から好きなものに囲まれた美しい空間に身を置いてエネルギーチャージすることで、シンプルなTシャツとデニム姿でもキラキラと輝いて見える人になります。

no. 65 時間を買ってゆたかになれる

忙しいときほど、お金を出しても時間を買いたいと思いませんか？「タイムイズマネー」と言われているのも納得です。

愛されるお金持ちの方は、「時間を買う」ことが共通点です。ゆたかさや心地よさを感じられる人生の時間を何より大切にしたいからです。効率を考え、場合によってはたとえワンメーターでもタクシーを利用したり、時短になる便利家電を買ったりして、ゆとりを楽しみます。

忙しい年末には、お風呂の掃除を専門業者に頼んだり、腕利きの家政婦の方に1週間分の料理をオーダーしたりして、時間と満足感を買います。少しの余裕があると、家族や他者にも目を向けられますし、本当に必要なことに集中できます。

時間の余裕が人生のゆたかさを生み出していくのではないでしょうか。

no. 66

お金の基礎知識を学んでおく

人生100年時代と言われるようになり、自分はどんな人生を送りたいかをイメージして、お金の準備、計画が必要な時代になりました。

いくつになっても居心地のよい生き方を貫くには、自分らしく働くことです。長い仕事人生を生き抜くために、自分の好きなことや得意なことを見つけて、それを社会の役に立てるよう考え、仕事として長く続けるのが必要になってきます。

今、好きなことや得意なことが見つからなくてもいいのです。「仕事をしてお金を稼げている」のは素晴らしいです。そんなに好きでなくても、今の仕事をコツコツ続けることは、生きるためにご飯をつくり、掃除や洗濯をするのと似ています。家事は面倒でも、生きるためにやるはずです。そうして稼いだお金は、好きなことや得意なことが見つかったときのために、しっかり貯めて増やしておきましょう。

そのためには、学校では教えてもらえなかったお金の知識を何歳になっても学ぶのも大事です。お金のプロと呼ばれる人の本を読んだり、セミナーに参加したりするのはムダではありません。私はファイナンシャルプランナーの友人に人生のマネープランをアドバイスしてもらって、多くの発見がありました。ムダなものは徹底的に省き、大切なことへは計画的に投資します。そして、いくら儲かると言われても、わからないものには、手を出さないと決めました。

どう稼ぐかは、どう「生きるか」なのです。昨今は副業や転職、フリーランス、起業と働き方が多様化していますから、自分らしい働き方、生き方を見つめ直しましょう。

今後はＡＩ（人工知能）でできるような職業はなくなっていくでしょう。会社員であってもスキルアップのために自分に投資したり、趣味を人に教えるレベルまで高めたり、作品をインターネットで売ったりと、生涯にわたり収入を得るスキルを身につけることも必要です。

「貯めるお金」と「自分に投資するお金」はどちらも大事なので、このグッドバランスがゆたかな人生を送るためのカギになります。

Column

お金を生み出す才能とは

あるインタビュー記事で、秋元康氏の言葉にハッとしました。それは、「いつも同じところを指している時計は1日のうち、2回ぴったりと合う」というものです。時計の針がいつも7時を指していれば、朝7時と夜の19時にぴったりと合います。好きなことを続けていれば、人生で2回、時代のニーズとぴったり合うときがやってくるのです。

誰もが、「自分では大したことではないけど、人からすごいねと言われること」があります。それが才能です。「才能とは努力しなくてもできること」と言われていますが、まさに鼻歌を歌いながらできることは、エンドレスに続けられます。

好きなことで結果を出している人は、私から見ると相当面倒くさいことをやっているのですが、本人は面倒だと思っていません。

誰かに教えられるようになるまで、誰かが欲しいと買ってくれるようになるまで好きなことを極めると、それがあなたの専門性の旗になります。専門家になれば、世の中に自分の旗を立てられますから、さまざまなものや人やお金が集まってきます。

そして、その旗を立てる場所は自分で選べるようになります。時間割も自分でつくれる自由な生き方ができるようになるのです。

職種にもよりますが、専門性の旗を持てば都心に住まなくても、海の近くに住んで、通勤する人を横目で見ながら、朝から好きなサーフィンをした後、リモートでの仕事も可能でしょう。

3年経ってもできないと思うことも、10年、20年のスパンで考えてみると、できそうな気がしませんか？

たとえ小さくでも、長く続けていけば、いつか時計の針があなたのところへやってきます。

no. 67 楽しく働けば皆が潤う

「今日も、きみの仕事が、世界を1ミリうれしくしたか？」

コピーライターであり、株式会社ほぼ日の代表でもある糸井重里さんのオフィスの入り口には白いボードがあり、手書きでそう書かれているそうです。

仕事をしていて「何やってんだろう、私……」と虚しくなるときや、「これって、ただの自己満足じゃない？」と自分が嫌になるときは、この言葉を思い出します。うまくいかないときも、「1ミリでいいから」と自分を励ますのです。

世界がうれしくなれば、そのビジネスはうまくいきます。うまくいけば皆が潤います。うまくいっていないときは、自分だけがうれしかったり、結果だけを重視していたり、または誰かの指示に従っているだけで自分の頭で考えていなかったり、方向性を見失っているときなのかもしれません。

さぁ、あなたの仕事で世界を1ミリ幸せにしましょう。

no. 68 長財布とミニ財布を併用する

私はミニ財布を推奨していますが、「小さな財布だと財力も小さくなるようで心配」という方へのご提案として、今、持っている長財布と同じブランド、もしくは同じ色の小さな財布を併用して持ってはいかがでしょうか？

それなら、長財布の延長のような感覚で、もうひとつの小さな財布を持てます。長財布のポケットがひとつ増えたようなものです。お金が入ってくるスペースも増えたように感じます。

私は、会食など現金で支払うときやＡ４サイズのバッグのときは長財布、また、身軽に出かけたい散歩や小さなバッグのときはミニ財布といったように、シーンやバッグの大きさによって使い分けています。

no. 69

いただいた財布を大切に使う

あるときお客さまが、「若い頃、○○さんにいただいたのよ」「すてきな財布だったから、くださいって言ったの」と、お金持ちの先輩からもらった財布を修理に出したいと持ってこられました。

かなり前のモデルでビンテージのような風合いになっていましたが、大事に使っているのは伝わってきました。財布は、お金持ちの方が使っているものをいただいたり、プレゼントしてもらうと金運が上がるのだそうです。同じ波動を引き寄せるのかもしれません。

そのお客さまは多くの方から可愛がられるお人柄でしたから、お金持ちの先輩にも「財布をください」と言える関係性を築けたのかもしれません。

また、買ってもらう日や使いはじめる日は、一粒万倍日《いちりゅうまんばいび》がいいそうです。

一粒万倍日とは、「一粒の籾《もみ》をまけば、万の籾を持った稲穂になる」という意味がある日で吉日だそうです。月に4～6日ほどあり、ネットで調べるといつかがわかります。

よいご縁を大切にすることは、金運にもつながるのだと思います。

no. 70

高価なものを普段使いする

「使うのがもったいない」と、箱に入れたまま使っていないお皿やカップ、大切なお客さま用にストックしている茶葉やタオルはありませんか？　これらを自分のために普段使いして、自分をおもてなししませんか？

特別なときのためにと、バカラのグラスや伊万里《いまり》焼のお皿など、高価なものほど大切にしたくてしまっておきがちですが、洋服と同じく、やはり使ってこそです。

もしなければ、特別感のある小さなギフトを自分へ用意してみませんか。「バラの花びらの入浴剤」や「有名店のショコラ」など、ちょっと贅沢で、非日常感のあるものです。あこがれブランドのギフトアイテムを自分用に使ってみるのもテンションが上がります。「エルメス」の石けんや「ティファニー」のボールペンなどです。

とっておきの上質なもので自分をもてなす丁寧な時間は、自己肯定感を上げてくれます。

no. 71

ブームに飛びつかない

運のいいお金持ちのお客さまは、テレビで紹介されたコスメや行列のできるスイーツに飛びついたりはしません。ブームや知らない人のクチコミでは、ものを買わないのです。

信頼のおける方からの情報しか信じません。要らない情報はいっさい入れませんから、振り回されることがなく、ムダなお金も使いません。

いつも利用されている飲食店や美容室もご紹介がほとんどで、親子2代で長く通われているような方ばかりでした。

まずは、自分自身が信頼される人になることです。そうすれば信頼できる情報も入ってくるのではないでしょうか。

Tips

「ヴァンクリ」のアルハンブラは本質を見抜く「第三の目」

—買ってよかった私の人生の相棒たち—

あの日、私は香港、九龍半島のホテルのロビー・ラウンジから、ビクトリアハーバーの夜景を見ていました。水面にも美しい光が反射し、色とりどりの光がきらきらと輝きながら、高層ビルや夜空を駆け抜けるように交差していました。

夜8時になると、ビクトリアハーバーにある40ものビルから色とりどりの光やレーザー、サーチライトが夜空を照らすライトショー「シンフォニー・オブ・ライツ」がはじまります。

私は、そっと胸元に手を当てました。

昼間、ペニンシュラホテルのアーケードショップで買った「ヴァン クリーフ&アーペル」のネックレスの輝きが、夜景に負けていなかったからです。

ヴァンクリの「アルハンブラ」。四

つ葉のクローバーに着想を得たデザインで、時を超える幸福のシンボルとして色あせない輝きを放っています。

10年ぶりに訪れたその憧れのお店で、私はある香港マダムの美しさに目を奪われました。マダムは映画『慕情』の舞台になったレパルスベイの話をしていて、私は前日訪れたレパルスベイを見下ろす高台を思い出し、アフタヌーンティを優雅に楽しむマダムの暮らしを想像しました。

優雅でありながら芯を感じるたたずまい、シンプルな装いの中にキラリと光るラグジュアリー感。そのマダムのしていたネックレスが、私が昔からほしかった四つ葉のクローバー型の「アルハンブラ」だったのです。

胸に輝く「アルハンブラ」が、自分への信頼と愛情で瞳の奥まで輝かせてくれているようでした。

「こんな瞳を持ちたい」――そう思った私は、このネックレスをお店の鏡の前でそっとつけてみました。瞳に光が差した気がしました。

昔、憧れのお客さまに言われた「目

の輝きだけは整形では手に入らないわ」という言葉を、そのとき思い出していました。そのお客さまも、まっすぐで透明感のある目をしていました。

　ずっとひとり暮らしで、自分を貫くライフスタイルをお持ちのその方に、「何が本当に大切なのか、本質を見極められる目を持つことが大事」だと、背中で教わった気がします。

「よく見てね。その上で自分にとっての、いい、悪いの判断をしてね」という言葉が忘れられません。

「自分にとって何が本当に大切なのか」がわからなかった私に、このアルハンブラが見極める力を与えてくれる気がしました。

　世間に惑わされない「自分だけのものさし」を忘れぬよう、「第三の目」を手に入れたいと思ったのです。

　あの夜の「シンフォニー・オブ・ライツ」のテーマは「覚醒」。

　まさに、眠りから覚めたような香港の夜だったのです。今も迷うと、このネックレスに聴いてみます。

「ちゃんと本質を見ているか」と。

Chapter 5

愛される人の「リッチ」なコミュニケーション術

余白のあるがんばり方をする

甘えられない人、真面目で責任感の強い人ほど、肩に力が入りすぎて、自分も周りも見えていないときがあります。

私も、特に若いときは自分のことで精一杯で、周りが見えていなかったと思います。

こんな話をご存じでしょうか？

ある少年が賢者から、スプーンの中の油をこぼさないように宮殿を見て回ってくるよう言われます。言われた通り、宮殿のあちこちを見て回りますが、少年はスプーンの油が気になって仕方がありません。

賢者は戻ってきた少年に「何を見てきたか？」と尋ねます。

そこで初めて少年は「何も見ていない」と気づくのです。（パウロ・コエーリョ『アルケミスト　夢を旅した少年』〈角川文庫〉より）

この話にはいろんな解釈があるでしょうが、そのとき私は、「スプーンの油をこぼさないこと」に集中するのは、自分の価値観を守るのに必死になっている状態だと思いました。

それも大切ですが、自分のことばかりにとらわれると、周りを客観的に見るのを忘れがちです。主観と客観のバランスが大事なのではないでしょうか。

若いときの私はがんばりすぎていて、知らず知らずのうちに、周りのスタッフにも同じようながんばりを期待し、疲弊させていると気づいていませんでした。

忙しさに振り回されているときは、余裕のない自分が周りを振り回していても感じ取れません。相手の背景まで見えていないのです。「仕事が遅いと感じる人」「ミスばかりを繰り返す人」は、がんばりが足りないのではなく、何か事情があるのかもしれないのです。

大人のがんばり方は、宮殿の美しさも堪能しながらも、スプーンの油もこぼさないようなバランス感覚が必要だと気づかされたのです。

また、ときには、手ぶらで宮殿の中をゆっくり見て回るのも必要だと思えるようになったのは、もっともっとあとになってからです。

手ぶらは勇気が要りますが、間違いなく得るものは多いのです。がんばらないときはリラックスしているので、アイディアが浮かびやすく、急ぎではないけれど、重要なことに取りかかる「余白」が持てます。

この余白が、周りを幸せにするための、「ふくらし粉」になるのだと思います。

大人のがんばり方は、自分も周りも幸せにするのを忘れない、余白のあるがんばり方が美しいのではないでしょうか。

あなたは、今、宮殿の美しさを楽しめていますか？

no. 72 軽やかなプラスの言葉を使う

販売員をしていた頃、商品説明のセールストークの練習で、ひとつのバッグのすてきなところを10人で次々と言葉にしていくトレーニングをしたことがあります。

「明るい色ですから心まで明るくしてくれます」「シャープな形ですからスタイルよく見せてくれます」など、10人から、どんどん出てくるプラスの言葉はとても軽やかで、心の中に音符が広がっていくようでした。私はどんどん楽しくなってきて、そのバッグが大好きになりました。そして、そのバッグはたくさん売れて、私たちはとてもハッピーでした。

「いいね」「すごいね」と、褒め上手な人には人が集まってきます。それは、プラスの言葉が軽やかな音楽のように心地よいから。

言霊《ことだま》とも言われますが、軽やかなプラスの言葉を使える人はよいことを引き寄せます。

no. 73

「ア」の口を意識して「ファ」の音で話す

販売職で電話応対のトレーニングを受けていたとき、ドレミファソラシドの「ミ」の音ではなく、「ファ」の音で話しましょうと言われたことがあります。大抵の人が「ミ」くらいの高さで話しているので、1音分高く、「ファ」の音を意識すると、明るく聞こえるのだそうです。

また、ア段（ア・カ・サ・タ・ナ・ハ・マ・ヤ・ラ・ワ）をしっかり発音すると、噛まずに話せます。「アー」と、大きく縦に口を開けると表情筋も動くので表情もゆたかに見えます。

人には防衛本能がありますから、何を考えているかわからない無表情な人を警戒します。口を開け、頬の筋肉を動かし、表情をゆたかにすることは、相手を安心させる効果があります。残念ながらふだん、自分の表情だけは唯一、自分で見られません。「表情は他人のもの」なのです。

no. 74
聞く時間を2倍にする

誰もが「ちょっと言いすぎた」「あの話はしないほうがよかった」と思う経験はあるのではないでしょうか？

そんなときは、「話すが1なら、聞くを2」と自分に言い聞かせます。口はひとつ、耳は2つだからです。話す時間より、聞く時間を2倍にするのです。

「沈黙は金、雄弁は銀」と言われています。話が面白い女性は魅力的ですが、しゃべりすぎてしまうと魅力は半減してしまいます。特に、誰かれかまわず打ち明け話をすると相手は困ってしまいます。

「同じ話の堂々めぐりになっていないか」「ついつい余計なひとことを言っていないか」をセルフチェックしましょう。

no.75

ギフト選びのちょっとしたコツ

相手にお礼や感謝の気持ちを伝えるギフト選びが上手な人は、一目置かれ印象に残ります。ギフト選びにもポイントがあります。

［季節の先取り感がある］

旬を過ぎたものには、「今さら感」があります。世間に出回る前に、いち早く旬のものをいただくと、ゆたかな気持ちになります。たとえば、夏が終わりに近づいた頃の栗のお菓子など、ひと足早く、秋をいただく醍醐味があるのです。

［特別感は欠かせない］

「今だけ」「今日だけ」「あなただけ」は、通販番組のキラーワードです。人は、「限定品」や「初出店」に弱いものなのです。

「特別感」「付加価値」があると満足感が倍増します。他にはないオリジナリティがあり、つくり手のこだわりが詰まった一点ものを選びます。

最近は、安価でネーム入れも可能なので、名前を入れて差し上げると、特別感があり愛着のわくギフトになります。

［定番・老舗を選ぶ］

愛されるお金持ちのお客さまは、定番・老舗がお好きでした。そうしたものは、長年多くの人から応援されてきた見えない力を持っています。ですから、差し上げることで相手にその力も届けられると考えているのです。

no.76 クッション言葉で「NO」が言える

「NO」と言うのは、自分を守ることです。自分が嫌な思いをしているのにNOと言わないのは、自分にも相手に対して不誠実です。

我慢しすぎず、勇気を出して、「NO」とはっきり伝えましょう。

ぶれない自分をつくるのは大切です。そうでないと、未来を自分で変えられません。本当は右に行くはずだったのに、「NO」と言わなかったために、左に行ってしまうこともあるからです。

言いにくいときは、理由を率直に話すこと、そして、気配り言葉（クッションになる言葉）を最初につけます。たとえば、「言い出そうかどうか迷ったけど……」「私の勝手かもしれないけど……」などは、相手への配慮が感じられます。

no. 77

早口でない

ゆったりとしている声は、心地よく感じませんか？　また、言葉数は少なくても、落ち着いた余裕のある話し方をする女性は、幸せそうに見えます。

私はつい早口で話してしまうので、こんなアドバイスをもらったことがあります。

相手にとって初めて聞く話は、「これ以上、ゆっくり話せないと思うくらいのスピードでちょうどいい」のだそうです。

私も接客の際、早口で商品説明をしてしまったときはクレームになりやすいと思いました。人は「わからない」と感じることはストレスなのです。

ゆっくりと話すことは、相手への思いやりのひとつです。

no. 78

真顔でも口角が上がっている

年齢を重ねるにつれて、口角が下がってきます。笑顔のときは誰でも口角が上がりますが、気をつけたいのは真顔のときです。

真顔が不機嫌に見えてしまうと、人が近づいてきません。口角をきゅっと上げることを意識していると、ご機嫌に見えますし、ハッピーオーラを放ちます。

マスク生活では、意識しないと口角はどんどん下がってしまいます。特にリモートでつなぐときは、つながった瞬間の表情が大きなインパクトを与えますから、つなげる前から口角を上げるよう意識します。

口角が上がっている人は運気も上がっていきます。口角の上がり具合と運気の上がり具合は比例するのです。

ご機嫌な人の表情をキープしている人にチャンスはやってきます。

no. 79 アゴの角度はマイナス5度

人と話すときに、意外と気をつけたいのはアゴの角度です。

水平な位置から5度上に上がっただけで、上から目線の傲慢《ごうまん》な態度ととられかねません。アゴが上がりやすい人は、あえて5度下の位置を意識しましょう。これは販売員をしていた頃に教わったものですが、プレゼンテーションなど人前で話すときにも気をつけています。

また、相手を値踏みするように、上から下まで目線を走らせたりしないよう気をつけましょう。

態度は言葉より雄弁なので要注意です。

no. 80

自己紹介は長さよりインパクト

ビジネスや会合での自己紹介は、1分間程度が望ましいでしょう。長い自己紹介をする人は、好印象になりにくいかもしれません。

自己紹介は長さよりインパクトです。

名前と顔を覚えてもらうことが目的ですから、キャッチフレーズをつけたり、記憶に残るあだ名を紹介したりします。

面長の顔が特徴の友人は、『のぞみ』と呼ばれていました」と自分の顔を新幹線に例えて笑いを取ったり、サッカー選手と同じ名前の後輩は、サッカー通である両親のエピソードを紹介しました。

私の場合は、「小さいバッグの横田です」と、小さいバッグを小脇に抱え、挨拶をすることが恒例になりました。

これは、デビュー作の『本当に必要なものはすべて「小さなバッグ」が教えてくれる』のプロモーションのときからはじめたものですが、「何が入っているの？」と興味を示してくれる効果がありました。

あとから、「○○の人ね」などと、思い出してもらえるように工夫をしましょう。

no. *81* 外見や肩書で判断しない

見た目や肩書だけでは、その人の本質はわかりません。

最初から「苦手だ」と思い込んでしまったり、肩書だけで損得を考えたりすると、いいご縁をつなぐチャンスを逃してしまうことがあります。

年齢や性別、容姿や持ち物を見て「私とは合わない」と決めつけていませんか？会社の玄関でガードマンのように立っている人や、廊下で掃除している人が社長だったなんてケースもあります。

「先入観」という水で心のコップがいっぱいになっていると、プラスの要素である水滴が降ってきたとしても弾いてしまいます。

初対面の人と会うとき、この水が心の中にいっぱいになっていませんか？先入観という水を少し捨てれば、そこにプラスの水が入ってきます。

no. 82
「私」と同じ人を求めない

同じ趣味や同じ出身地など、共通点があると距離が近づき仲よくなります。また、同じものが好き、嫌いという話で盛り上がると、「この人と私は似ている」と感じてうれしくなります。

しかし、**「私」とまったく同じ人は存在しません。**「同じだと思っていたけど違う」とがっかりしていては、人付き合いはうまくいきません。

友だちに対して期待値が高くなっているときは、「100%の自分を理解してくれる人はいない」と思っていたほうが、がっかりしないかもしれませんね。

人はゼロか100かで判断しがちですが、時には40%くらいでも十分ではないでしょうか。期待より信頼です。

no. 83

人付き合いは距離感が大事

人間関係で悩んでいる人は、「好き、嫌い」という感情に苦しめられているような気がします。人は誰もが好き、嫌いはありますが、好きでも嫌いでも、ある程度の距離を保てたら、苦しまなくて済むこともあります。

どんなに好きでも、距離が近すぎると、嫌なところも見えてきます。また、苦手な人とは、一定の距離を保ったり、接する時間を短くすることで、気持ちが楽になったりします。

近すぎず、遠すぎず、人付き合いの上手な人は、距離の取り方が上手です。

no. *84*

苦手な人にエネルギーを使わない

「苦手な人とは、適度な距離を取りましょう」と言っても、同じ職場にいる場合、難しいでしょう。しかし、苦手だからと相手に必要なことを伝えなかったら、業務が滞ってしまいます。あいさつはきちんとする、必要なことは感情的にならずに伝えるなど最低限のルールや礼儀は守りながら、お互いぶつからないように、その場にいるのが望ましいですよね。

私は、あいさつをしても無視され、嫌な思いをしてカッとなりそうなときは、「こんなことで、エネルギーを消耗するのはやめよう」と考え、「自分がどうしたら、快適に心地よく、そこにいられるか」にシフトします。

一度しかない人生ですから、エネルギーや時間に限りがあるのもわかっているので、楽しいことやワクワクすること、大切な人にエネルギーを使いたいものです。

no. 85 弱みを見せられる

「私は先輩だから弱みは見せられない」と、できないことを無理して引き受けていませんか？

ときには、後輩に甘えたり助けてもらうと、相手は自信になることがあります。その人に弱みを見せられないのは、「この人は私を助けられない」と、勝手に相手の力量を決めつけていることになるからです。

「もう無理」と思ったら、勇気を出して周りの人に「助けて」と言えば、手を差し伸べてくれます。

「がんばりすぎる人は、誰の手をつかむことなく、ひとりで落ちてしまう」という言葉が頭に残っています。ひとりで解決することもたくさんありますが、ひとりでは限界もあります。

「三人寄れば文殊《もんじゅ》の知恵」ということわざがあります。

職場では、信頼できる上（上司）と後輩（下）、そして同僚（横）に相談してみます。

3方向から支えられている人は、上から引っ張り上げられ、下から支えられ、横へも広がり、大きくストレッチしながら、しなやかな強さを身につけていける気がします。

組織の中にいると、上ばかり見て仕事をしてしまうときがありますが、下から支えられ、しっかりした土台を築いた人は安定しています。そして、左右から守られている人は、風が吹いても揺らぎません。

そんな人は、上から降りてきたチャンスというロープにも、迷いなくつかまって上っていけるのではないでしょうか。

no. 86

「教えてください」と言える

何歳になっても「教えてください」と素直に言える人は、人から応援してもらえます。

「教えて」と頼まれて、嫌な人はいないと思います。相手を尊敬している、認めていることでもあるからです。憧れの遠い存在の人にでも、「相談したい」「教えてほしい」と素直に言えば、会ってくれることも多いと思います。誰かの役に立てることは、人の承認欲求を満たすのかもしれません。

いくつになっても素直に「教えてください」と言える人はたくさんの人の英知という太陽のような恩恵を受けてぐんぐん成長していきます。

no. 87

去り際がすてきな人は追いかけたくなる

宴席は、「2時間で切り上げるのがベター」だと思います。なぜなら、2時間以上は同じ話の繰り返し、堂々めぐりも多いからです。「もっと話したかった」と思うくらいがちょうどいいのかもしれません。

ダラダラと居続けずに、さわやかに帰っていく人のほうが印象に残り、「また会いたい」と思ってもらえるのではないでしょうか。

また、先輩になれば部下や後輩と同席する会食も多いでしょう。その際、「お先に」と支払いを終えて（または多めに出して）早めに切り上げることは、先輩としてのすてきなマナーかもしれません。

短時間でも気持ちのよい雰囲気をつくれる人は、去り際もキレイです。

Tips

おうち時間が満たされるペルシャじゅうたん

—買ってよかった私の人生の相棒たち—

新居に移るときのことでした。ラグを探していたところ、あるお客さまが、「ペルシャじゅうたんなら一生愛着を持って眺めていられるわよ」とおっしゃいました。

私は、「ペルシャか……高いなぁ」と思い、「そうですね……」とあいまいに返事をしました。

そのお客さまがリビングで愛用しているものは、結婚の際、ひいお祖母さまからもらったもので、3代続いて愛用しているのだと教えてくれました。表面をわずかに削る職人さんの技で、見事に修復されながら息づいているというのです。

百貨店の外商の方といっしょに商品をその方のお宅にお届けしたとき、玄関にもすばらしいペルシャじゅうたんがあったのを思い出しました。

それは、吹き抜けの玄関の高い天井の窓から差し込む光の角度で、色の輝き方が違って見えました。見る角度によって表情が違うのです。最高峰の職人さんが何年もの年月をかけて織った最高級のシルクじゅうたんで、ベージュやオレンジ、青や緑など、色とりどりの花や鳥、木々のオリエンタルな模様は「楽園」を象徴しているのだそうです。それぞれのじゅうたんには意味があって、「家族」や「結婚」、「人生」など、細かく複雑な模様に織り手の思いが込められているとのことでした。

まるで、高級なバッグのようです。手入れをしながら受け継がれるものには、バッグ以外にじゅうたんもあるのだと初めて知りました。私は、当時、引っ越しのたびに手頃なラグを買っては飽き、飽きては捨てて、また買ってを繰り返していて、何枚のラグを捨てたかわかりません。

大量生産ではなく職人さんが丁寧につくったものにはパワーとオーラが宿っていて、長年輝き続け、飽きが来ないと理解はしていました。でも、ペルシャじゅうたんを選び抜き、買うまでの才覚がなかったのです。

しかし、職人さんの手で丁寧につくられたバッグを手入れしながら持ち続ける経験をしてからは、これと同じように素晴らしいじゅうたんを自分にもと思うようになり、何十枚もじゅうたんを見に出かけました。

お客さまは、「たくさん見て、本当に愛着のわくものを選んでね」とおっしゃいました。

ある店で、店主が「オススメ」だと言って広げてくれた1枚は、太陽と月の下、人が集い、舞う様子が細かく描かれていて、人の一生を表しているような感動を覚えました。お客さまのお宅にあったような最高級のシルクだとわかりました。

触ってみると、あたたかみがあり、なめらかで、ずっと触っていられると感じました。彩りゆたかでやわらかな手触りが心を満たしてくれる1枚でした。こんな1枚と暮らせれば、何気ない日常がゆったりと色づいていくのではないかと思ったのです。いつまでも大切にしてほしいという職人さんの思いが込められているのだと。

すぐに購入はできませんでしたが、いつかはペルシャじゅうたんを手に入れようと決めた日でした。

今、家にあるペルシャじゅうたんは、その何年か後に、そのお客さまに選んでいただいたものです。

深い緑にえんじ色と黒白で、王冠のような模様が描かれています。さらに太陽のような模様がその周りを囲んでいて、「繁栄」の思いが込められているそうです。

職人さんの思いと、そのお客さまとの思い出が込められたじゅうたんは、ずっと私の人生に寄り添い、今でも私の暮らしを見守ってくれています。

床に敷くじゅうたんは、家の中の土台をつくってくれるようなものです。土台が安定していると、心も満たされていきます。

家の中に長く愛せる土台をつくるのは、自分の人生の土台を安定させることにもつながります。

人生の土台となるとっておきの1枚を、時間をかけて選んでみてはいかがでしょうか。

Chapter 6

心をスリムで「ゆたか」にする振る舞い

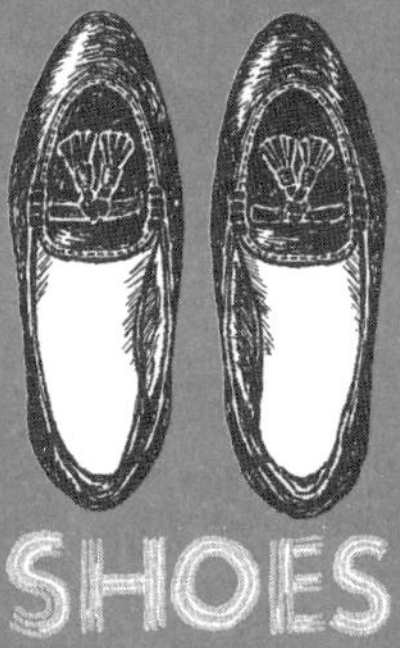

傷ついたリンゴこそ甘い

以前、「ひょう害」で傷ついたリンゴを食べてみて、その甘さにびっくりしたことがあります。傷のあるリンゴは、傷を治そうと栄養を補給するため、味がよくなるのだそうです。

傷ついたり、壊れたりすることはマイナスだと考えがちです。けれども、あるとき、マイナスではないと知りました。

それは、生物学者の福岡伸一先生がテレビのインタビュー番組で、「生命現象はつくること以上に壊すことを止めない」とおっしゃっていたからです。傷ついたり、壊れたりするのは私たちにとって、細胞レベルで必要だそうです。

お話の内容を簡単に要約すると、

「あらゆるものには、時間とともに坂を転がり落ちる絶対的法則があり、私たちの細胞もこのままだと転がり落ちてしまう。しかし、細胞が一部壊れるとバランスを取ろうとして合成が起こる。壊さないと生まれないものがある。分解とその合成が、坂を上る力を発生させる」

ということでした。

毎日の生活の中で、傷ついたり壊れたりする出来事がちょっとだけ多く感じるのは、坂を登っていくためなのかと、改めて人間の細胞の力強さに感動したのです。

未来へ向かって坂を登るために、再生するために、傷ついたり、壊れたり、また、捨てたり、やめたりを、日常で繰り返しているのだと思います。

私たちの細胞も、長い年月をかけて、甘い甘いリンゴのようになっていけたらいいですね。

そんな甘くて美味しいリンゴは、人々を幸せにするのではないでしょうか。

no. 88

心はつねによい波動で

仕事でもプライベートの集まりでも、何だか心がざわざわすることに巻き込まれたり、声の大きい人に振り回されることはあります。

そんなときはまず、大きく深呼吸します。呼吸が浅いときは思考も浅くなっているからです。

呼吸が落ち着いたら、心の中にラジオがあると仮定して、そのチューニングを変えて美しい音楽を流すイメージを持ちます。同じ波動のものを引き寄せていくのは自然の摂理ですから、心の周波数をおだやかなものに合わせることが大事なのです。

ノイズの多い周波数に合わせないでください。美しいものを見たり、触れたり、よい波動に接する機会を自分からつくっていきます。そうすれば、同じレベルの波動同士が共鳴して、いい出会いも増えていきます。

no. 89

やわらかい心でいる

やわらかい心でいるためには、いつも笑顔でいるのが一番です。心がガサガサして、なかなか笑顔になれないときは、直接、肌に触れるものをやわらかで感触のよいものを選んで身につけます。

たとえば、とっておきのランジェリーやルームソックスなどです。やわらかなシルクのランジェリーの感触は心までやわらかくしてくれますし、ちょっと高価なルームソックスは疲れた脚が喜んでいる気がして、癒やされます。

今は見えないものが価値を持つ時代ですから、その質を高めると、時代のよい流れを引き寄せます。やわらかい心は、やわらかい表情となり、やわらかなオーラを放つ人となります。

すると、人と人が出会ったとき、相手から忘れられない人となるのです。

no. *90*

22時以降はスマホを使わない

生活に欠かせないスマートフォンですが、ひとりでいる時間も常にスマホを見てしまうと、どんどん情報が入ってきて、人と比べてしまったりネガティブなニュースを見てしまったりして、自分を見失わせるマイナス面もあります。

私は、22時になったらスマホは電源オフと決めて夜の時間を過ごしてみたところ、時間が濃くなりました。

行動管理は時間管理なので、行動を変えると時間の使い方が変わります。スマホから解放される時間で、改めて自分と向きあえました。

日記を書いたり、気になっている本を読んだり、受け身ではなく主体的に自分と向き合うと、自分らしさの輪郭が見えてくるのです。

ひとりの時間は、人から評価されることのない時間だと改めて思います。インプットのチャンスだと考え、力を蓄え、さらに大きく羽ばたく未来のために過ごしましょう。

no. 91
コインで直感を磨く

私は直感型人間だという自覚があり、迷ったときは直感を大切にして選ぶことにしています。「なんとなく嫌だ」とか、「何だか気持ちが乗らない」ときは、どんなにいい話でも、その感覚に従って「NO」と言うと決めています。

それでも、どうしても決められないときは、文字通りコインを投げてみます。

たとえば、「表が出たらA、裏が出たらBを選ぶ」と決めて、コインを投げます。

そのとき、表が出たとすると、「Aか（何だか納得いかない）」と心が言います。そして、もう1回投げると、今度は裏が出ます。「Bか（やっぱり）」。そのとき、何だかホッとして「あー、私は最初からBに決めていたんだな」と気づくのです。

コインを投げるなんて、いい加減な決め方かなと最初は思ったのですが、無意識に眠っている声が、選ぶ道を教えてくれることもありました。

心の声を聞き、直感を磨くよいきっかけになります。

no. 92

大事なものは腰から上で扱う

丁寧な仕草の人の特徴として、大事なものは必ず「両手」で持ちます。そして腰から下では扱いません。

たとえば、名刺交換の際、名刺は相手の顔ですので、両手で丁寧に授受します。また、名刺を持ったままお辞儀をした際は、名刺が腰から下の位置にならないように、名刺に額を近づけるようにお辞儀をします。

相手から預かったバッグやコートも両手で扱い、腰から下にぶら下げるように持つのはＮＧです。

相手を大事だと思う心は、丁寧さで表現します。

所作が丁寧な人には、品格が漂います。

no. 93 さわやかな人ほど平熱

風邪などで高熱が出ているとき、人はもうろうとして、普段、見えているものも見えなくなり、考えもまとまらなくなりますよね。そして平熱に戻ると、自分のやるべきことがわかり、判断力も集中力も戻ってきます。

私は、できるだけ平熱のメンタルで、毎日を過ごしたいと思っています。

生かされている命に感謝して、淡々とやるべきことに向かいます。

あり余る体力のある若いときの仕事ぶりは、高熱が出ているような日も多くて、ジェットコースターに乗っているような高揚感やスリル、刺激が大いに楽しかったのですが、周りの人との軋轢《あつれき》もあったように思います。大人になるにつれ、日々、粛々と過ごしていくのが大切だと感じるようになったのです。平熱であることで余白ができ、人を受け入れる包容力が生まれます。平熱で、目の前のことに真摯《しんし》に取り組む日々が、さわやかな未来を約束してくれるのではないでしょうか。

no. 94

セルフイメージを上げる

先日、お気に入りのパンプスを履いていたら、かかとがすり減っているのが気になり、「なんだか、これ、セルフイメージが下がるな～」なんて思ってしまいました。

そのとき、「〃セルフイメージが下がる〃と感じるときって、いつだろう?」と考えてみました。

・ストッキングが伝線したり、白い洋服にシミがついて着替えられないとき
・「○○さんが△△してくれないから」と他責になるとき
・過去の失敗ばかり考えてしまうとき
・片付けようと思いながらも散らかった部屋にいるとき
・やろうと決めたことにまったく手をつけていないとき

などでしょうか。

一方で、「セルフイメージが上がるとき」は、

・新しい服や髪型を褒められたとき
・「ありがとう」と言われたとき
・苦手な人にも「お互いさまだよね」と思えたとき
・素直に「ごめんね」と言えたとき

などでしょう。

さらに、美しいものに囲まれているときもセルフイメージは上がります。

自分のことが少し嫌いになりそうなときは、美しいもののオーラに囲まれて過ごしましょう。自分のご機嫌を自分でとることが上手な人は、セルフイメージを高く保つ毎日が過ごせるのです。

no. 95

時間との付き合い方がうまい

人生に余白をつくり、ゆたかに過ごすためには、時間と上手に付き合うことが大切ですよね。

それができる人は、決してイライラせず、余裕を持って過ごしているような気がします。そのためには次の3つを意識します。

［苦手なことに時間をかけない］

苦手なことには、できるだけ時間をかけない方法を考えます。床拭きが苦手ならお掃除ロボットにお任せしたり、アイロンが苦手なら洗濯してもシワにならない服を選びます。

［ゴールデンタイムに集中する］

頭が冴え、集中できるゴールデンタイムは午前10時前後の1時間と言われています。頭を使う仕事や集中してやるべきことは、ここで一気に片付けます。

［規則正しい時間割をつくる］

朝、起きる時間や寝る時間、お風呂に入る時間や食事の時間を決めておくと、体内リズムが整います。おうちでのリモートワークの場合は、特に大切かもしれません。規則正しくリズムを整えると1日にメリハリができて、有意義に過ごせます。

［コントロールできないことをいつまでも悩まない］

自分ではどうにもならないこと、コントロールできないことを、いつまでもクヨクヨと悩んでいる時間こそ、もったいないと考えます。他者と比べて悩んでしまうことが多いなら、スマホを見ている時間は何時間までと決め、自らをコントロールします。

no. 96

美しい人、あとを濁さず

美しい人の共通点は、まさに「あとが美しい」ということかもしれません。

食事をしたあとや洗面所を使ったあとが美しいのです。

焼き魚をいただいたあと、小骨がお皿の隅にきれいに寄せられていたり、洗面所を使った後の水滴がきれいに拭いてあったりと、美しい人のあとには、お皿をかたづけてくれる人や、次に使う人への配慮を感じさせる心の美しさが滲《にじ》み出ています。

私もその場所を立ち去る前に、もう一度振り返ってみるようになりました。

使ったあとを見直し、思いやりをプラスする習慣が美徳を育みます。

no. 97

あきらめるとうまくいく

「会社とはこうあるべき」「妻として母として、こうあるべき」などと思ったときは、「本当にそう？」と、自分に訊いてみることにしています。すると、「そんなこともないよね〜」と、肩の力が抜けるのです。

理想や期待を抱くのは、悪いことではありませんが、「ま、こんなところで十分」と納得して、「あきらめることも良し」と思うようになりました。

「あきらめる」の語源は、「明らむ＝明らかにする」だそうです。仏教では「物事の理《ことわり》をはっきりしたうえで、その理に合わないことは捨てる」という意味があり、「明らかにして、また前に進む」のです。

あきらめて、明らかにするのは、「自分らしさに立ち返ること」かもしれません。

自分らしく、ほどほどに心地よく、今、あるものに感謝しながら、ぼちぼちと前に進むことが、「ちょうどいい幸せ」なのかもしれません。

no. 98 嗅覚を磨き鍛える

「鼻が利く」という言葉がありますが、これは「臭いに敏感」だけでなく、「わずかな兆候から役に立つことを見つけ出す能力に優れている」という意味です。

私の出会った強運なお客さまは、まさに「鼻が利く人」が多かったように思います。美味しい飲食店を見つけるのが上手だったり、ブレイク前のデザイナーの商品をいち早く海外で手に入れていたりと、感度のよさにいつも驚かされました。

また、「あの人には近づかないほうがいいわ」「これはチャンスの兆しかもね」など、ふとした瞬間に光る鋭い直感力は、まさに鼻が利くとしか言いようがありませんでした。

そのお客さまは、いつも家では京都で買い求めるお気に入りのお香を薫いたり、ボディフレグランスや香水をイタリアでオーダーしたりと、匂いには人一倍敏感でした。直感を磨くには、普段から嗅覚を鍛えることが大事だとおっしゃいました。

よい運を引き寄せ、強運を手に入れるには、実際の嗅覚も磨くことが秘訣なのかもしれません。

no. 99

環境の変化を楽しめる

環境に大きな変化があったとき、ダメージの大きい人と、ダメージの小さい人の差はどこにあるのでしょうか。変化のあとには、よいこともよくないことも、同じくらいあります。変化に強い人は、よくないことより、よいことに焦点を当てるので、「これは、これであり」と楽しんで受け入れられます。

「〝希望〟があるととらえる」

先がわからないことは不安に感じます。ですが、未来が決まっていることより、決まっていないことのほうが「可能性がある」ととらえています。

新しい未来には、自分次第で変えられる希望を感じています。

「〝執着〟を手放せる――大きく手放せば大きく返ってくる」

変わってしまった過去に、いつまでも執着して手放せないでいると、自分の首を絞めることにもつながります。心が終わってしまった過去の場所に居続けると、時間だけが空回りして過ぎていき、居場所がなく宙に浮いているような感覚になります。

普段からものも気持ちも意識して断捨離をしている人は、常にスペースを確保していますから、手放すのに抵抗感が少ないのです。また大きく手放せば、やがて大きく空いたスペースに大きく返ってくると知っています。

「人は〝慣れる〟と知っている」

最初は落ち着かない環境でも、3か月、半年、1年と、時間を重ねるうちに、見慣れた日常となっていくと知っています。人は、いずれ慣れていくものだと知っている人は状況を受け入れ、時間と仲良くなれるのです。

no. 100

心の中に風を吹かせる

私がこれまで出会ったすてきなお客さまは、皆、器の大きい方でした。どんなことにも動じず受容力があって、小さいことをいちいち気にしません。

あるとき、大事なお嬢さまの誕生日祝いの商品を「お取り寄せしてね」と頼まれていたのを忘れていて、完売してしまったことがありました。そのときも、「ご縁がなかったのよ。気にしないで」と、ひと言も私を責めず、優しく笑って許してくださいました。

ピンチのときほど冷静で、感情的になりません。感情を出すことはあっても、感情的になるのは恥ずかしいことだと教えられました。

思うようにいかないことにイライラしたり、他人に迷惑をかけられたと恨みそうになるときも、そのお客さまに会うと、自分が恥ずかしくなるのです。

誰もがネガティブな黒い煙が心の中に充満するときがありますが、「仕方ないよね」「こんなときもあるし」と、ネガティブな自分も認めてあげられたらと思います。

それができると、他者の中にある黒い煙も同じように「ま、そんなこともあるよね」「皆、完璧じゃないし」と思えるのかもしれません。

自分も他者も「許せる風」を吹かせられて初めて、心にスペースという心地よさが生まれるのでしょう。スペースがあると、先入観を持たず、まっさらの状態で物事を見られます。

心に余裕のある器があれば運が入るのです。

Column

足りない状態を楽しむ

とりたてて変わらない毎日を過ごしていると、「何だか物足りないな」「退屈だな」と感じることは誰にもあります。日常は何もなく平凡で、同じことの繰り返しが虚《むな》しく感じることもあります。

けれど、きっと、幸せを味わうためには、「ちょっと足りない」が必要なのです。

平凡とか退屈という味は薄味でも、改めて噛みしめてみると味が出てきます。

何も大きなことが起こらない当たり前の日常が、どんなに大切な時間だったかは、コロナ禍で知りました。

私は、２０２０年の自粛期間に「色」に関する本を書いていたので、24色の色鉛筆を取り出し、塗り絵の本を買って、色を塗って過ごしてみました。

そうして気づいたのは、一見ムダだと思う時間が心を癒やしてくれることです。

時間は人生の財産なので、「有意義な時間を過ごさなくちゃ」「少しでも前に進まなくちゃ」と思い込んでいましたが、過去も未来も、心配や不安もすべて忘れて、1円にもならないことをしてみる時間はとてもゆたかでした。

心にベールをかけていくようで、時間を失っているように見えて、実は今を深く味わわせ、心を守ってくれました。

窓辺で太陽の光を浴びながら本を読んで、うたたねしたり、また起きて本を読む。お気に入りのお茶をいれて、ゆっくり味わいながら飲んだら、ベランダに出て、流れる雲をぼーっと眺めてみる。

何だか疲れたなと感じるときは、時間を失うように過ごすと、心はまた彩りを取り戻していきます。未来への不安は手放して、心配ごとは忘れて、平凡や退屈を味わってみます。少し欠けていること、足りない状態を楽しみましょう。

あとがき　心地よい呼吸ができる未来は、あたたかな手とつなぐこと

「見えないものとの闘いは、見えないものが支えてくれた」

某飲料メーカーのコピーに、2020年からのコロナ禍での闘いの日々に思いを馳せました。

あきらめや焦燥感の中で、見えない大切な人とのきずなや真の思いやりや優しさ、あたたかな言葉が、どんなに渇いた心に沁みたでしょう。

まるで暗い海の中で、じっとしているような時間に感じたとき、表面だけのつながりや損得感情のある関係、愛のない言葉たちは、泡のように跡形もなく消えていくのだと思いました。

暗くて冷たい海の中で選ぶのは、ぬくもりのある手だけです。

手の中ではっきりと感じたぬくもりは、暗い海の中でもキラキラと輝くひとすじの光のように感じるのではないでしょうか。

このキラキラした輝きは、未来への道標になるはずです。きっと水面へと上っていける勇気をくれるはずです。

心地よく呼吸ができる未来へは、このぬくもりが導いてくれると思うのです。

つないだ手はあたたかく、冷たい水の中でも心の奥の奥まで、体の隅々までもあたためてくれます。

この手があれば、何もいらない。

私にとっての心ゆたかなシンプルライフとは、この手をつなぐこと以外、他に何もいらない人生だなと思いました。

２０２０年、『姉ちゃんの恋人』というドラマが放送されました。脚本家、岡田惠和さんの珠玉の言葉にあふれた物語です。

両親を亡くした主人公が親代わりに育ててきた弟3人や、職場の仲間とのごく平凡ですが幸せに満ちたあたたかい日常のふれあいが描かれています。その主人公が好きになった人は、過去、恋人が襲われそうになり、守ろうとして人を傷つけてしまい、人生が変わってしまいます。

過去の傷を背負い、後ろ指を指されても懸命に生きる恋人の手はあたたかいと知っているから、つなぐ手は離さない。明るく笑顔で、今を生きようとする物語です。

今も心に残る台詞は、弟が姉に向けたメッセージでした。


「僕らにできることは、誰かにしっかりつかまって、誰かとしっかり手をつないで自分たちを守るしかないんだ。でないと不幸への落とし穴は、そこらじゅうにある。でも、大切な人、守るべき人がひとり増えれば、そのぶん世界はいい方向に向かう。そういうことだよね」

どんなに世の中が変わっても、真面目でひたむきに生きる、あたたかい手を持つ人が報われる、そんなシンプルなことが当たり前である世の中でありますように。

２０２１年秋　横田真由子

横田真由子 よこた・まゆこ

ミニマムリッチ®コンサルタント/オフィスファーレ代表

株式会社ケリングジャパン（旧GUCCI JAPAN）販売スタッフとして有名人やVIP客の担当となり、3年で店長に昇格。顧客獲得数No.1となる。VIP客のもの選びに女性としての優雅な生き方を学び、独自の「大人エレガンス」を実践する契機となる。2004年、英語の「Do」と同義語のイタリア語「Fare」を屋号に、「オフィスファーレ」を設立。

ものをただ使い捨てるのではなく、選び抜いたものを大切に手入れしながら愛し抜く姿勢に、真のゆたかさを感じ、「上質なものを少しだけ持つ人生」＝「ミニマムリッチ®ライフ」を提唱、セミナー、講演、執筆活動を行う。近著に『毎日が楽しくなる素敵な色づかい』（クロスメディア・パブリッシング）がある。

オフィシャルサイト http://minimum-rich.com/

シンプルでも「心《こころ》ゆたか」に暮《く》らす
100のルール

2021年11月30日　第1版第1刷

著　者　横田真由子

発行者　伊藤岳人

発行元　株式会社 廣済堂出版

〒101-0052
東京都千代田区神田小川町2-3-13　M&Cビル7F
電話　03－6703－0964（編集）
　　　03－6703－0962（販売）
FAX　03－6703－0963（販売）
振替　00180-0-164137
URL　https://www.kosaido-pub.co.jp

印刷所
製本所　三松堂株式会社

ISBN978-4-331-52347-6 C0095